Nicola Waldmeier

Ratgeber Hypotheken

Antworten auf die wichtigsten Fragen zu Hypotheken

Zürich, 2003

1. Auflage

ISBN 3-9521824-6-X

Alle Rechte vorbehalten

Gestaltung und Realisation: Corina Grütter, VZ, 8002 Zürich

(Umschlag mit Verwendung eines Bildes von www.mecano.ch)

Copyright © 2003 by VZ VermögensZentrum, Zürich

VZ RATGEBER 2

Steuern

Beleh-
nung

Pensions-
kasse

Hypotheken

Amorti-
sation

Hypo-
thekar-
modelle

Rating-
optimie-
rung

Zins-
strategien

Antworten auf die
wichtigsten Fragen
zu Hypotheken.
Mit vielen Tipps zur
richtigen Finanzierung
Ihres Eigenheims.

Hypo-
thekar-
anbieter

Ver-
sicherung

Planungs-
hilfen

 **VermögensZentrum**  **H E V** Schweiz

Inhalt

Vorwort HEV

Seit Anfang 2003 hat der Hauseigentümerverband Schweiz (HEV) mit dem «Ratgeber für den Hausbau» und «Steuern leicht gemacht» zwei neue Bücher veröffentlicht. Vermehrt arbeitet der HEV auch mit anderen Anbietern, z.b. mit dem VZ VermögensZentrum, zusammen. Ein Meilenstein in der Zusammenarbeit mit dem VZ ist zweifelsfrei die Lancierung der HEV-Hypothek. Seit Juli 2002 wird diese über das HypothekenZentrum, einer 100%igen Tochter des VZ, erfolgreich abgewickelt. Die HEV-Hypothek hat den Hypothekarmarkt Schweiz nachhaltig verändert. Allein bis Ende April 2003 haben mehrere hundert Eigenheimbesitzer vom Abschluss einer günstigen HEV-Hypothek profitiert.

Vor diesem Hintergrund ist der vorliegende Ratgeber entstanden. Er gibt wertvolle Informationen von der Wahl des Hypothekarmodells bis hin zur richtigen Zinsstrategie. Die HEV-Hypothek wird ebenfalls erwähnt. Freilich ersetzt der «Ratgeber Hypotheken» die persönliche Beratung nicht. Wir sind jedoch überzeugt, dass er zum wertvollen Wegbegleiter für alle bestehenden und künftigen Eigenheimbesitzer wird.

Ein herzliches Dankeschön geht an den Geschäftsleiter des VZ, Herrn Matthias Reinhart, und seine Mitarbeiter für die angenehme und kompetente Unterstützung. Selbstverständlich steht Ihnen der HEV jederzeit gerne mit Rat zur Seite. Unsere Mitglieder erhalten Rechtsauskünfte kostenlos und sämtliche Dienstleistungen zu Vorzugskonditionen. Mehr Informationen finden Sie auf unserer Website www.hev-schweiz.ch. Besuchen Sie uns!

Ihr HEV Schweiz

Vorwort VZ VermögensZentrum

Ein Drittel aller Schweizerinnen und Schweizer sind Eigenheimbesitzer. Mit den für die Finanzierung von Wohneigentum relevanten Fragestellungen setzen sich jedoch viele lediglich beim Kauf detailliert auseinander. So verwundert es nicht, dass nur wenige ihr vorhandenes Sparpotenzial bei den laufenden Kosten ihres Eigenheims ausnützen. Spielraum für Optimierungen bietet beispielsweise die Frage nach den steuerlichen Auswirkungen von Eigenheimbesitz und, damit verbunden, der optimalen Hypothekarhöhe. Aber auch mit dem Einsatz von Pensionskassenkapital oder anderen Vermögenswerten, der Wahl des richtigen Hypothekarmodells, der Verbesserung des Kreditratings der Bank oder mit einem Wechsel des Anbieters lassen sich Hypothekarzinsen oftmals spürbar reduzieren. Der vorliegende Ratgeber soll die wichtigsten Zusammenhänge bei Hypotheken aufzeigen und zugleich eine Anleitung dazu sein, wie man seine Zinsbelastung senken kann.

Natürlich ist der Ratgeber kein Ersatz für eine fundierte Beratung. Denn die Optimierungsvorschläge können auf den Einzelfall bezogen immer wieder anders lauten. Der Autor hat jedoch zusammen mit den erfahrenen Hypothekarspezialisten des VZ VermögensZentrum versucht, die wichtigsten Fragestellungen rund ums Thema Hypotheken zusammenzufassen und verständliche Antworten darauf zu geben. Viele Grafiken und Tabellen veranschaulichen die wichtigsten Zusammenhänge. Beispielrechnungen helfen, den Sachverhalt besser zu verstehen.

Matthias Reinhart, Geschäftsleiter VZ VermögensZentrum

Steuern

Belehnung

Pensionskasse

Amortisation

Hypothekarmodelle

Ratingoptimierung

Zinsstrategien

Hypothekaranbieter

Versicherung

Planungshilfen

www.vzonline.ch

Interaktive Beratung und Online-Vergleiche

Die interaktive Beratung und die Online-Vergleiche des VZ VermögensZentrum helfen Ihnen, die Finanzdienstleistungen besser zu verstehen und die attraktivsten Angebote auszuwählen. Auf vzonline.ch können Sie die Finanzierung Ihres Eigenheims berechnen oder Ihre Anlagestrategie definieren. Antworten auf die wichtigsten Fragen zu Ihrer Pensionierung finden Sie ebenso wie die günstigsten Hypothekarzinsen und Krankenkassenprämien. Über 30'000 Besucherinnen und Besucher nutzen diese Informationsquelle jeden Monat.

Umfassendes Berechnungstool zur Immobilienfinanzierung

Im Zusammenhang mit der Immobilienfinanzierung können Sie unter www.vzonline.ch die folgenden Fragen beantworten:

- Wie viel Geld kann ich fürs Wohnen ausgeben?
- Miete oder Kauf: Ab welchem Preis ist Eigentum teurer als Miete?
- Wie hoch sind meine laufenden Kosten als Eigentümer?
- Wie bewertet man eine Immobilie richtig?

vzonline.ch

Speziell die mit dem «vzonline.ch»-Symbol markierten Tabellen und Grafiken in diesem Ratgeber erlauben Ihnen individuelle Berechnungen unter www.vzonline.ch.

Besuchen Sie uns unter www.vzonline.ch!

Kurzportrait VZ VermögensZentrum

Die VZ VermögensZentrum AG wurde 1992 von Max Bolanz und Matthias Reinhart in Zürich gegründet. Mittlerweile ist das VZ an fünf Standorten in der Schweiz – Basel, Bern, Lausanne, Zug und Zürich – und an einem Standort in Deutschland (München) vertreten. Von den aktuell 200 Mitarbeitern sind zwei Drittel in der Beratung und ein Drittel im Research, Produktmanagement und Back-Office tätig.

Das führende Beratungsunternehmen im «Financial Consulting»

Das VZ VermögensZentrum gilt als das führende unabhängige Beratungsunternehmen auf dem Gebiet des «Financial Consulting». Ob Sie Vermögen bilden, vermehren oder neu strukturieren möchten – im VZ sind Sie an der richtigen Adresse. Dies gilt besonders für anspruchsvolle Situationen wie Liegenschaftenkauf und -verkauf, die Pensionierung und Erbschaften bzw. Schenkungen. Als Vermögensverwalter bewirtschaftet das VZ aktiv Wertschriftendepots von Kunden, und als Willensvollstrecker setzt das VZ Nachlassplanungen um.

Telefonische Terminvereinbarung

Vereinbaren Sie unter folgenden Telefon-Nummern den Termin für ein kostenloses Erstgespräch:

- Basel:　　Tel. 061 279 89 89
- Bern:　　Tel. 031 329 26 26
- Lausanne:　Tel. 021 341 30 30
- München:　Tel. 0049 (0)89 288 117 0
- Zug:　　Tel. 041 726 11 11
- Zürich:　　Tel. 01 207 27 27

Steuern

Belehnung

Pensionskasse

Amortisation

Hypothekarmodelle

Ratingoptimierung

Zinsstrategien

Hypothekaranbieter

Versicherung

Planungshilfen

Kapitel 1

Wie wirkt sich eine Hypothek auf meine Steuern aus?

Steuern

Beleh-
nung

Pensions-
kasse

Amorti-
sation

Hypo-
thekar-
modelle

Rating-
optimie-
rung

Zins-
strategien

Hypo-
thekar-
anbieter

Ver-
sicherung

Planungs-
hilfen

Wie wirkt sich eine Hypothek auf meine Steuern aus?

Steuern und ihre finanziellen Konsequenzen spielen für Besitzer von Liegenschaften eine zentrale Rolle. Die oft geäusserte Meinung, man spare mit einem Eigenheim immer Steuern, trifft nicht in jedem Fall zu. Vor allem bei Liegenschaften mit tiefer Verschuldung oder in einer Tiefzinsphase bewirkt das schweizerische Steuersystem oft genau das Gegenteil. Wie sich ein Eigenheim – und damit verbunden eine Hypothek – auf die Steuern auswirkt, hängt von folgenden Faktoren ab: dem Eigenmietwert, den Unterhaltskosten und der Höhe der Hypothekarzinsen.

Der Eigenmietwert

Nach Ansicht der Steuerbehörden ist die Nutzung des eigenen Wohnraums bares Geld wert. Statt ins Eigenheim könnte man sein Vermögen ja auch in Obligationen investieren und die Zinsen daraus kassieren. Dieser Zinsertrag wiederum wäre steuerpflichtiges Einkommen. Anstelle des Zinsertrags tritt beim Eigenheim ein Ertrag in Form eines Nutzungsrechts. Entsprechend bezeichnet das Bundesgericht die Nutzung von eigenem Wohnraum denn auch als Naturaleinkommen, das zu versteuern ist. Diese Ansicht führt zu der paradoxen Situation, dass Eigenheimbesitzer quasi dafür zahlen müssen, selber in ihren eigenen vier Wänden wohnen zu dürfen. Dieses Nutzungsentgelt bzw. Naturaleinkommen wird als Eigenmietwert bezeichnet und muss als Einkommen versteuert werden. Er richtet sich nach dem theoretischen Mietertrag, den man bei einer Vermietung an Dritte erzielen könnte (so genannte «Marktmiete»).

Ganz so heiss gegessen wird die Suppe aber nicht. Immerhin sind die kantonalen Steuerbehörden befugt, ja sogar angehalten, den Eigenmietwert tiefer als die effektive Marktmiete anzusetzen. So hat das Bundesgericht festgehalten, dass die kantonalen Eigenmietwerte zwischen 60 und 90 Prozent der Marktmiete betragen müssen – nicht mehr und nicht weniger. Ausserhalb dieser Rahmenbedingungen sind die Kantone frei, wie sie ihre Eigenmietwerte konkret berechnen. Oft sind die Berechnungsweisen aber kompliziert und nicht nachvollziehbar. Im Kanton Zürich beispielsweise wurde der Eigenmietwert bis Ende 2002 vom Vermögenssteuerwert der Liegenschaft abgeleitet. Als Faustregel galten 4 Prozent (für Häuser) bzw. 5,5 Prozent (für Eigentumswohnungen) von 80 Prozent des Verkehrswertes. Für ein Zürcher Einfamilienhaus mit 1 Million Franken Verkehrswert belief sich der Eigenmietwert demnach auf rund 32'000 Franken. Seit Anfang 2003 gilt aber im Kanton Zürich, dass der Eigenmietwert zwischen 60 und 70 Prozent der Marktmiete betragen muss. Andere Kantone stützen sich bei ihren Berechnungen seit jeher auf die tatsächlich erzielbare Marktmiete ab. So bewegen sich beispielsweise die Kantone Aargau und Zug mit 60 Prozent der Marktmiete am unteren vom Gesetzgeber erlaubten Limit.

Für die direkte Bundessteuer werden die kantonalen Eigenmietwerte übernommen, sofern sie der Bund als angemessen taxiert. Ansonsten wird ein prozentualer Zuschlag zum kantonalen Eigenmietwert erhoben.

Tipp!

Kann der Eigenheimbesitzer beweisen, dass er nicht (mehr) alle Zimmer auch tatsächlich benützt – zum Beispiel weil die Kinder ausgeflogen sind oder ein Ehepartner verstorben ist –, lässt sich beim Bund und in einigen Kantonen möglicherweise ein anteilsmässiger Unternutzungsabzug vom Eigenmietwert geltend machen.

Schuldzinsabzug   So wie der Eigenmietwert im internationalen Vergleich negativ auffällt, gibt es für Schweizer Wohneigentümer auch eine positive Besonderheit: den Schuldzinsabzug. Schuldzinsen, also

Steuern

Beleh-
nung

Pensions-
kasse

Amorti-
sation

Hypo-
thekar-
modelle

Rating-
optimie-
rung

Zins-
strategien

Hypo-
thekar-
anbieter

Ver-
sicherung

Planungs-
hilfen

auch Hypothekarzinsen, dürfen vom steuerbaren Einkommen abgezogen werden. Neuerdings gilt jedoch eine Beschränkung: Abzugsfähig sind Schuldzinsen nur noch im Umfang der Bruttovermögenserträge (z.b. Zinsen und Dividenden auf Sparguthaben oder Wertschriften, Mieterträge) zuzüglich eines Freibetrags von 50'000 Franken. Diese Limite ist jedoch sehr grosszügig ausgelegt. Weil auch der Eigenmietwert zu den relevanten Bruttovermögenserträgen hinzu gezählt wird, müssen Besitzer von Liegenschaften im normalen Preissegment kaum mit einer Abzugsbeschränkung der Schuldzinsen rechnen.

Abzug der Unterhaltskosten

Abgezogen werden dürfen auch die Unterhaltskosten – und zwar wahlweise entweder als Pauschalabzug oder die nachweisbar effektiven Kosten. Beim Pauschalabzug gilt beim Bund sowie in den meisten Kantonen: Für weniger als zehn Jahre alte Liegenschaften 10 Prozent des Eigenmietwerts, für ältere 20 Prozent. Die Pauschale lohnt sich normalerweise bei neueren Liegenschaften. Bei älteren Liegenschaften hingegen fallen die tatsächlichen Unterhaltskosten oft höher aus.

Tipp!

Grössere Renovationsarbeiten sollten zeitlich so gestaffelt werden, dass man die Kosten auf mehrere Steuerperioden verteilen kann. Damit lässt sich die Progression über mehrere Jahre brechen, was zu einer insgesamt höheren Steuerersparnis führt. Steuerlich entscheidend ist in der Regel das Datum der Rechnungsstellung.

Als Unterhalt steuerlich abzugsfähig sind aber nur Kosten, die der Instandhaltung der Liegenschaft und damit letztlich der Werterhaltung dienen. Nicht absetzbar sind wertvermehrende Arbeiten wie zum Beispiel der Ausbau des Dackstocks oder der Anbau eines Wintergartens. Renovationsarbeiten beinhalten aber sehr oft beides, sowohl werterhaltende als auch wertvermehrende Elemente. Wird beispielsweise ein Linoleumbodenbelag durch Marmorplatten ersetzt, bedeutet das gleichzeitig eine Wertsteigerung. Teilweise auch wertvermehrend ist der Ersatz einer einfachen alten Küche durch eine luxuriöse moderne Küche. In solchen Fällen müssen die einzelnen Arbeiten ausgeschieden werden. Zur besseren Abgrenzung zwischen werterhaltenden bzw. wertvermehrenden Arbeiten haben viele Kantone spezielle Merkblätter erarbeitet. Sie sind bei den kantonalen Steuerverwaltungen erhältlich.

Tipp! *Auch wenn Sie wertvermehrende Kosten nicht bei den Einkommenssteuern abziehen dürfen, bewahren Sie die Belege dafür trotzdem auf. Bei einem allfälligen Verkauf der Liegenschaft können Sie die Kosten für die Berechnung der Grundstückgewinnsteuer vom Verkaufserlös abziehen und damit Steuern sparen.*

Auswirkungen auf das steuerbare Einkommen

Zusammenfassend ergeben sich folgende steuerlichen Auswirkungen für Eigenheimbesitzer: Der Eigenmietwert wird zum steuerbaren Einkommen hinzu gezählt, die Hypothekarzinsen und die Unterhaltskosten hingegen abgezogen. Mit diesem Steuersystem profitieren Eigenheimbesitzer mit hoher Verschuldung und entsprechend hohen Schuldzinsabzügen. Steuerlich das Nachsehen haben hingegen diejenigen, deren Schuldzinsen und Unterhaltskosten tiefer sind als der Eigenmietwert. In diesem Fall stellt der Fiskus Jahr für Jahr höhere Einkommenssteuern in Rechnung, als dies ohne Eigenheimbesitz der Fall wäre. Das Zusammenspiel der verschiedenen Einflussfaktoren verdeutlicht das Beispiel eines in der Stadt Zürich Wohnhaften, der eine Liegenschaft im Wert von 1 Million Franken besitzt. Zu seinem steuerbaren Einkommen von 150'000 Franken hinzugeschlagen wird der Eigenmietwert. Abziehen darf er auf der anderen Seite die Hypothekarzinsen sowie die Unterhaltskosten. Sein steuerbares Einkommen reduziert sich in diesem Fall um 11'900 Franken.

Steuern

Belehnung

Pensionskasse

Amortisation

Hypothekarmodelle

Ratingoptimierung

Zinsstrategien

Hypothekaranbieter

Versicherung

Planungshilfen

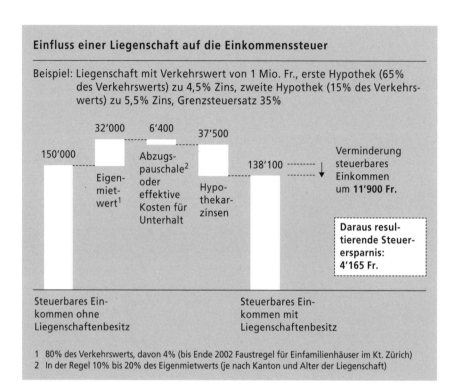

Einfluss einer Liegenschaft auf die Einkommenssteuer

Beispiel: Liegenschaft mit Verkehrswert von 1 Mio. Fr., erste Hypothek (65% des Verkehrswerts) zu 4,5% Zins, zweite Hypothek (15% des Verkehrswerts) zu 5,5% Zins, Grenzsteuersatz 35%

32'000   6'400   37'500

150'000

Eigenmietwert[1]

Abzugspauschale[2] oder effektive Kosten für Unterhalt

Hypothekarzinsen

138'100

Verminderung steuerbares Einkommen um **11'900 Fr.**

Daraus resultierende Steuerersparnis: **4'165 Fr.**

Steuerbares Einkommen ohne Liegenschaftenbesitz

Steuerbares Einkommen mit Liegenschaftenbesitz

1 80% des Verkehrswerts, davon 4% (bis Ende 2002 Faustregel für Einfamilienhäuser im Kt. Zürich)
2 In der Regel 10% bis 20% des Eigenmietwerts (je nach Kanton und Alter der Liegenschaft)

| Grenzsteuersatz für effektive Steuerersparnis massgebend | Welche effektive Steuerersparnis sich daraus ergibt, hängt vom so genannten «Grenzsteuersatz» ab. Als Grenzsteuersatz bezeichnet man die Progression auf der Spitze des steuerbaren Einkommens. Ein Beispiel: Ein in der Stadt Basel Wohnhafter zahlt für ein steuerbares Einkommen von 100'000 Franken 21'200 Franken Steuern. Bei lediglich 99'000 Franken steuerbarem Einkommen wären 20'880 Franken Steuern fällig. Bei 1'000 Franken weniger Einkommen sind die Einkommenssteuern also um 320 Franken tiefer. Der Grenzsteuersatz dieses Steuerpflichtigen beträgt demnach 32 Prozent. Die Tabelle auf der gegenüberliegenden Seite gibt eine Übersicht über die Grenzsteuersätze sämtlicher Kantonshauptorte. Aufgrund der je nach Gemeinde unterschiedlichen Steuersätze können die angegebenen Werte für andere Gemeinden im Kanton abweichen. |

Grenzsteuersätze im Vergleich

Berechnungsbasis: Ehepaar, Grenzsteuersatz gerechnet auf die letzten 1'000 Fr.
des steuerbaren Einkommens, direkte Bundes-, Kantons- und
Gemeindesteuern im Jahr 2002 (exkl. Kirchensteuer);
Angaben in %

Stadt, Kanton		Steuerbares Einkommen 100'000 Fr.	150'000 Fr.
Zug	ZG	17,7	26,3
Schwyz	SZ	19,1	26,2
Stans	NW	22,2	30,0
Appenzell	AI	22,4	30,2
Sarnen	OW	23,6	30,0
Zürich	ZH	24,2	35,7
Aarau	AG	25,5	36,8
Glarus	GL	26,0	35,1
Herisau	AR	26,0	33,8
St. Gallen	SG	27,7	40,1
Schaffhausen	SH	28,4	37,5
Liestal	BL	28,8	40,7
Luzern	LU	28,8	35,8
Frauenfeld	TG	29,2	37,5
Bern	BE	29,4	38,3
Altdorf	UR	29,5	37,0
Solothurn	SO	29,5	38,7
Sitten	VS	29,9	40,2
Lausanne	VD	30,6	41,6
Chur	GR	30,8	36,0
Freiburg	FR	31,0	39,4
Delsberg	JU	31,9	38,9
Basel	BS	32,0	39,0
Genf	GE	32,5	41,8
Neuenburg	NE	33,3	44,2
Bellinzona	TI	34,0	43,1

Quelle: Steuerberechnungsprogramm «TRIBUT»

Steuern

Belehnung

Pensionskasse

Amortisation

Hypothekarmodelle

Ratingoptimierung

Zinsstrategien

Hypothekaranbieter

Versicherung

Planungshilfen

Kommt der Systemwechsel?

Nach dem Willen einzelner Politiker soll der Eigenmietwert abgeschafft werden, im Gegenzug aber auch der Abzug der Schuldzinsen und der Unterhaltskosten. In Anbetracht des zunehmenden Finanzlochs in der Bundeskasse wird ein Systemwechsel jedoch immer unwahrscheinlicher. Die damit verbundenen Steuerausfälle kann sich der Bund – zurzeit wenigstens – schlichtweg nicht leisten. Einig in dieser Frage sind sich die Eidgenössischen Räte deshalb aber bei weitem nicht. Bis zu einem definitiven Entscheid könnten daher noch Jahre vergehen. Sollte es zu einem Systemwechsel kommen, dürfte er für bestehende Eigenheimbesitzer erst mit mehrjährigen Übergangsfristen wirksam werden.

Auswirkungen auf die Vermögenssteuer

Auf die Vermögenssteuern wirkt sich der Kauf eines Eigenheims meist positiv aus. Steuertechnisch gesehen schrumpft das Vermögen, weil der Steuerwert der Liegenschaft in der Regel

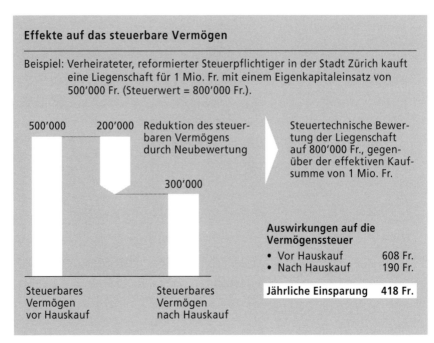

Effekte auf das steuerbare Vermögen

Beispiel: Verheirateter, reformierter Steuerpflichtiger in der Stadt Zürich kauft eine Liegenschaft für 1 Mio. Fr. mit einem Eigenkapitaleinsatz von 500'000 Fr. (Steuerwert = 800'000 Fr.).

500'000   200'000   Reduktion des steuer-   Steuertechnische Bewer-
                        baren Vermögens   tung der Liegenschaft
                        durch Neubewertung   auf 800'000 Fr., gegen-
                                                       über der effektiven Kauf-
                             300'000   summe von 1 Mio. Fr.

Auswirkungen auf die Vermögenssteuer
- Vor Hauskauf   608 Fr.
- Nach Hauskauf   190 Fr.

Steuerbares   Steuerbares   **Jährliche Einsparung   418 Fr.**
Vermögen   Vermögen
vor Hauskauf   nach Hauskauf

deutlich unter dem Marktpreis liegt. Ein Beispiel: Eine für 1 Million Franken gekaufte Liegenschaft wird mit eigenen Mitteln von 500'000 Franken finanziert. Weil der Steuerwert lediglich 800'000 Franken beträgt, reduziert sich das steuerbare Vermögen durch den Hauskauf um 200'000 Franken auf 300'000 Franken. Die Steuerreduktion ist jedoch meist bescheiden – ausser bei sehr hohen Vermögen und wenn der Grossteil einer Liegenschaft selber finanziert wird. Einige Kantone (z.B. BE und SG) kennen zudem eine separate Liegenschaftssteuer, die die ohnehin geringen Steuereinsparungen meist wieder zunichte macht.

Steuern

Belehnung

Pensionskasse

Amortisation

Hypothekarmodelle

Ratingoptimierung

Zinsstrategien

Hypothekaranbieter

Versicherung

Planungshilfen

Kapitel 2

Wie viel Hypothek ist sinnvoll?

Steuern

Beleh-
nung

Pensions-
kasse

Amorti-
sation

Hypo-
thekar-
modelle

Rating-
optimie-
rung

Zins-
strategien

Hypo-
thekar-
anbieter

Ver-
sicherung

Planungs-
hilfen

Wie viel Hypothek ist sinnvoll?

Wer ein Haus oder eine Eigentumswohnung kauft, muss in der Regel mindestens 20 Prozent des Kaufpreises selber aufbringen. Die restlichen 80 Prozent finanziert die Bank in Form von Hypotheken. Eine klassische Bankfinanzierung setzt sich wie folgt zusammen: Bis 65 Prozent des Kaufpreises gewährt die Bank eine so genannte Ersthypothek. Weitere 15 Prozent des Kaufpreises entfallen auf die Zweithypothek.

Bei der Zweithypothek trägt die Bank ein höheres Risiko, falls es zu einem Zwangsverkauf der Liegenschaft kommt oder der Wert der Liegenschaft einbricht. Dieses erhöhte Risiko lässt sie sich mit einem Zinszuschlag entschädigen. Die Zweithypothek kostet deshalb je nach Bank zwischen 0,5 und 1 Prozentpunkt mehr als eine Ersthypothek.

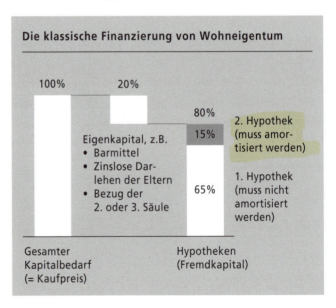

Die klassische Finanzierung von Wohneigentum

- 100%
- 20%
- 80%
- 15% — 2. Hypothek (muss amortisiert werden)
- 65% — 1. Hypothek (muss nicht amortisiert werden)

Eigenkapital, z.B.
- Barmittel
- Zinslose Darlehen der Eltern
- Bezug der 2. oder 3. Säule

Gesamter Kapitalbedarf (= Kaufpreis)

Hypotheken (Fremdkapital)

Eine Belehnungsgrenze von 80 Prozent ist heute bei den meisten Banken Standard. Nur wenige Institute finanzieren Eigenheime bis höchstens 70 Prozent des von ihnen geschätzten Verkehrswerts. Höhere Hypotheken (z.B. bis 90 oder 100 Prozent des Verkehrswertes) gewähren die Banken nur gegen Zusatzsicherheiten wie beispielsweise Pensionskassengelder, Kontoguthaben (z.B. Säule 3a), Versicherungspolicen oder Wertschriftendepots. Voraussetzung ist aber in jedem Fall, dass die Belastung für Zinsen, Amortisationen und Nebenkosten nicht mehr als ein Drittel des Bruttoeinkommens ausmacht.

Ideale Belehnungshöhe

Selbst wenn die notwendigen Eigenmittel in bar zur Verfügung stehen, sollte man eine höhere Verschuldung, als eigentlich nötig wäre, zumindest prüfen. Ob sich das lohnt, hängt davon ab, ob das nicht zur Finanzierung der Liegenschaft verwendete Kapital anderweitig ertragbringender investiert wird. Verglichen werden müssen die Nettokosten der Hypothek mit dem Nettoertrag der Geldanlage. Ein Beispiel: Netto nach Steuern gerechnet kostet eine Hypothek zu 5 Prozent bei einem persönlichen Grenzsteuersatz von 35 Prozent lediglich 3,25 Prozent (5 Prozent abzüglich 35 Prozent Steuerersparnis). Wirft die Geldanlage netto – d.h. nach Abzug aller Steuern und Gebühren – mehr als die 3,25 Prozent Kostenersparnis ab, rechnet sich eine höhere Verschuldung. Wer das Geld also lediglich aufs Sparheft legt, macht ein schlechtes Geschäft. Nach Abzug der Einkommenssteuern bleibt vom ohnehin meist mickrigen Zins kaum etwas übrig. In diesem Fall nimmt man besser weniger Hypothek in Anspruch. Auch mit Obligationen in Schweizer Franken lässt sich der Kostenvorteil einer tieferen Verschuldung in der Regel nicht schlagen. Viel eher geht die Rechnung mit steuerbegünstigten Kapitalversicherungen wie zum Beispiel Einmaleinlage-Policen auf. Im langfristigen Durchschnitt werfen sie einen steuerfreien Ertrag von rund 3,5 Prozent ab. Weil an die Steuerbefreiung strenge Kriterien gebunden sind, kommen solche Anlagen aber höchstens für Leute

Steuern

Belehnung

Pensionskasse

Amortisation

Hypothekarmodelle

Ratingoptimierung

Zinsstrategien

Hypothekaranbieter

Versicherung

Planungshilfen

ab Alter 50 in Frage. So muss beispielsweise die Laufzeit einer Einmaleinlage-Versicherung mindestens zehn Jahre betragen und die Auszahlung darf nicht vor dem 60. Geburtstag erfolgen.

Tipp! *Jeweils aktuelle Angebotsvergleiche für Einmaleinlage-Policen von über 20 Versicherungsgesellschaften finden Sie im Internet unter www.vzonline.ch.*

Höhere Nettorenditen als mit einer Einmaleinlage-Police lassen sich in der Regel lediglich mit risikoreicheren Anlageinstrumenten wie Fremdwährungsobligationen oder Aktien erzielen. Das Renditeplus muss jedoch mit höheren Unsicherheiten bezüglich der Aktienkurs- bzw. Währungsentwicklung erkauft werden.

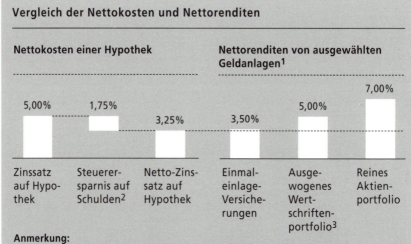

Vergleich der Nettokosten und Nettorenditen

Nettokosten einer Hypothek

Zinssatz auf Hypothek	Steuerersparnis auf Schulden[2]	Netto-Zinssatz auf Hypothek
5,00%	1,75%	3,25%

Nettorenditen von ausgewählten Geldanlagen[1]

Einmaleinlage-Versicherungen	Ausgewogenes Wertschriftenportfolio[3]	Reines Aktienportfolio
3,50%	5,00%	7,00%

Anmerkung:
- Je höher die Grenzsteuerbelastung, umso attraktiver sind Darlehenszinsen
- Vorsicht: Höhere Renditen gehen immer einher mit höheren Risiken (z.B. Aktien)
- Vorsicht: Nicht alle Konstellationen werden von den Steuerbehörden akzeptiert

1 Langfristige Erfahrungswerte
2 Steuerersparnis durch Abzugsfähigkeit (Beispiel: 35% Grenzsteuersatz)
3 «Ausgewogen» bedeutet: ca. je 50% Obligationen und Aktien

Tipp!

Wer seriös prüfen will, ob sich eine höhere Verschuldung lohnt, sollte beim Entscheid nicht nur auf das aktuelle Zins- und Börsenumfeld abstellen. Langfristig gesehen rentieren Aktien bei einem Anlagehorizont von mindestens zehn Jahren netto und im Durchschnitt pro Jahr zwischen 6 Prozent und 8 Prozent, trotz zwischenzeitlich hohen Kursschwankungen. Der langfristige Hypothekarzins hingegen liegt bei 4,5 Prozent bis 5 Prozent – vor Abzug der individuellen Steuerersparnis.

Geringere Kosten trotz höheren Zinsen

Angenommen, ein zukünftiger Eigenheimbesitzer besitzt 800'000 Franken in Form von Kontoguthaben und Wertschriften, die er jederzeit veräussern könnte. Für den Kauf einer Liegenschaft im Wert von 800'000 Franken wäre es nun am naheliegendsten, den Kaufpreis vollständig aus eigenen Mitteln zu begleichen. Denkbar wäre aber auch eine klassische Fremdfinanzierung; das hiesse: Die Bank würde ihm eine Hypothek

---

Unterschiedliche Finanzierungsvarianten

Beispiel: Extremvarianten für die Finanzierung eines Eigenheims im Wert von 800'000 Fr. unter der Annahme, dass der Käufer über 800'000 Fr. eigene Mittel verfügt; Angaben in Fr.

Variante A: Standardfinanzierung	Variante B: Volle Eigenfinanzierung	Variante C: Volle Fremdfinanzierung
160'000 Eigenkapital		160'000 Zusatzhypothek[1]
120'000 2. Hypothek		120'000 2. Hypothek
520'000 1. Hypothek	800'000 Eigenkapital	520'000 1. Hypothek
800'000 Fr.	800'000 Fr.	800'000 Fr.

1 Gegen Verpfändung bestehender Vermögenswerte

Steuern

Belehnung

Pensionskasse

Amortisation

Hypothekarmodelle

Ratingoptimierung

Zinsstrategien

Hypothekaranbieter

Versicherung

Planungshilfen

über 80 Prozent des Kaufpreises gewähren, aufgeteilt in eine erste Hypothek über 520'000 Franken (65 Prozent des Kaufpreises) und eine zweite Hypothek über 120'000 Franken (15 Prozent des Kaufpreises). Weil er bei dieser Variante lediglich 160'000 Franken eigene Mittel einsetzen müsste, könnte er die verbleibenden 640'000 Franken anderweitig anlegen (zum Beispiel in Obligationen und Aktien). Würde er einen Teil seiner Guthaben verpfänden, wäre die Bank sicher auch bereit, den vollen Kaufpreis zu finanzieren. Weil das Kreditinstitut jederzeit auf die verpfändeten Vermögenswerte zurückgreifen könnte, erhält er die Zusatzhypothek über 20 Prozent des Kaufpreises zu den gleichen Konditionen wie eine Ersthypothek.

Berechnet man bei allen drei Finanzierungsvarianten die Gesamtkosten, so erweist sich die volle Fremdfinanzierung am Ende als die günstigste (siehe Grafik auf der gegenüberliegenden Seite). Für die Berechnung wurde angenommen, dass der persönliche Grenzsteuersatz 35 Prozent beträgt und das verbleibende, nicht zur Finanzierung verwendete Eigenkapital jährlich mit netto 4 Prozent rentiert. Dies entspricht etwa der erwarteten Nettorendite für ein gemischtes Wertschriftendepot, das je zur Hälfte aus Obligationen und Aktien besteht. Berücksichtigt werden muss allerdings, dass bei der Variante «volle Fremdfinanzierung» am meisten ausgabenwirksame Kosten anfallen, allfällige Amortisationsraten noch nicht eingerechnet. Die Kursgewinne auf den Wertschriften hingegen werden erst beim Verkauf realisiert und sind somit vorläufig nicht einkommenswirksam. Diese Variante kommt demnach nur für Leute in Frage, für die eine höhere Zinsbelastung aufgrund ihres Einkommens auch tragbar ist.

Belehnungshöhe immer individuell festlegen Die optimale Höhe einer Hypothek hängt also weitgehend von den persönlichen Rahmenbedingungen ab, von den Steuern etwa oder der effektiven Rendite auf dem nicht für die Liegen-

Kostenrechnung (ohne Amortisation)[1]

Basis: Verheirateter Steuerpflichtiger mit einer Grenzsteuerbelastung auf dem Einkommen von 35%; Eigenkapital für die volle Eigenfinanzierung ist vorhanden (800'000 Fr.), Angaben in Fr.

	A: Standard- finanzierung		B: Volle Eigen- finanzierung		C: Volle Fremd- finanzierung	
Zins 1. Hypothek	4,5%	23'400	4,5%	–	4,5%	23'400
Zins 2. Hypothek	5,5%	6'600	5,5%	–	5,5%	6'600
Zusatzhypothek		0		–	4,5%	7'200
Total Zinskosten		30'000		–		37'200
Nebenkosten		6'000		6'000		6'000
Kosten pro Jahr vor Steuern		36'000		6'000		43'200
Steuereffekt Reduktion des steuerbaren Einkommens[2]		–9'520		+20'480		–16'720
Steuereffekt		⌐→ –3'332		⌐→ +7'168		⌐→ –5'852
Kosten pro Jahr nach Steuern		32'668		13'168		37'348
Zinsen auf dem nicht eingesetzten Eigenkapital (4% nach Steuern)	640'000[3]	⌐→ –25'600	–[3]	⌐→ –	800'000[3]	⌐→ –32'000
Gesamtkosten (vor Amortisation)		7'068		13'168		5'348

1 Amortisationen sind eigentlich keine Kosten, weil sie in der Regel vermögensbildenden Charakter haben
2 Annahme: Eigenmietwert 25'600 Fr., Unterhaltskostenabzug pauschal 20% (5'120 Fr.)
3 Entspricht der Differenz zwischen den vorhandenen 800'000 Fr. Eigenmitteln und dem in der Liegenschaft investierten Betrag

Steuern

Beleh-
nung

Pensions-
kasse

Amorti-
sation

Hypo-
thekar-
modelle

Rating-
optimie-
rung

Zins-
strategien

Hypo-
thekar-
anbieter

Ver-
sicherung

Planungs-
hilfen

schaft eingesetzten Kapital. Pauschale Aussagen wie «Man soll sich immer möglichst hoch verschulden.» sind genauso falsch wie die häufig gehörte Empfehlung «Man soll niemals Schulden haben.» Die Wahrheit liegt – wie meistens – irgendwo dazwischen. Hier nochmals zusammenfassend die relevanten Aspekte:

* Je höher die Hypothek, desto mehr belasten die Hypothekarzinsen das persönliche Budget. Die Banken achten bei der Vergabe von Hypotheken darauf, dass die Nettobelastung aus Hypothekarzinsen, Nebenkosten und Amortisation nicht mehr als ein Drittel des Bruttoeinkommens ausmacht.

* Eine hohe Verschuldung lohnt sich vor allem für Leute mit höherem Einkommen. Sie bewegen sich in einer hohen Steuerprogression und profitieren somit erheblich von möglichen Steuerabzügen wie den Hypothekarzinsen.

* Eine allzu tiefe Verschuldung kann zu einem höheren steuerbaren Einkommen führen, weil dem Eigenmietwert nur noch geringe Hypothekarzinsen gegenüber stehen.

* Verfügbares Kapital, das nicht als Eigenmittel oder zur Reduktion der Hypothek eingesetzt wird, muss mehr als die Nettokosten einer Hypothek rentieren.

* In eine Liegenschaft investiertes Kapital bleibt in der Regel langfristig blockiert. Bei einer späteren Aufstockung der Hypothek könnte die Bank Probleme machen. Etwa dann, wenn die höheren Zinsen aus Sicht der Bank nicht tragbar wären.

Tipp!

Bei allen Berechnungen sollte man berücksichtigen, dass sich heute gültige Faktoren in den kommenden Jahren verändern können – insbesondere die steuerlichen. So sinkt beispielsweise nach der Pensionierung das steuerbare Einkommen aufgrund der tieferen Renteneinkünfte in der Regel erheblich – und damit auch der persönliche Grenzsteuersatz. Das kann dazu führen, dass sich eine hohe Verschuldung steuerlich nicht mehr auszahlt und man mit den vorhandenen, liquiden Vermögenswerten besser die Hypothek reduziert.

Kapitel 3

Soll ich mein Pensionskassen-kapital einsetzen?

Steuern

Beleh-
nung

Pensions-
kasse

Amorti-
sation

Hypo-
thekar-
modelle

Rating-
optimie-
rung

Zins-
strategien

Hypo-
thekar-
anbieter

Ver-
sicherung

Planungs-
hilfen

Soll ich mein Pensionskassenkapital einsetzen?

Seit Einführung des Wohneigentumsförderungsgesetzes im Jahre 1995 darf man Kapital der zweiten Säule zur Finanzierung von selbstgenutztem Wohneigentum verwenden. Selbstgenutzt heisst: Haus oder Eigentumswohnung muss der in der Pensionskasse versicherten Person und deren Familie als Wohnsitz dienen. Ausgeschlossen sind somit Pensionskassenbezüge für Zweitwohnungen oder Ferienhäuser. Auch der Kauf einer Liegenschaft zur Weitervermietung geht hierfür nicht.

Diese Regelung gilt auch für Gelder, die zum Beispiel anlässlich eines Stellenwechsels auf einem Freizügigkeitskonto oder einer Freizügigkeitspolice parkiert wurden. Wer also beispielsweise beim Kauf einer Liegenschaft nicht über genügend Eigenmittel verfügt, kann dafür sein Pensionskassen- bzw. Freizügigkeitskapital einsetzen.

Von dieser Regelung profitieren nicht nur Neuerwerber. Auch bestehende Eigenheimbesitzer dürfen sich ihr angespartes Vorsorgekapital zur Amortisation ihrer Hypotheken (nicht aber zur Bezahlung von Hypothekarzinsen) oder für die Finanzierung von wertsteigernden (nicht aber werterhaltenden) Renovationen auszahlen lassen. Auch der Erwerb von Anteilscheinen einer Wohnbaugenossenschaft oder ähnliche Beteiligungen können mit Pensionskassenkapital finanziert werden, falls eine dadurch mitfinanzierte Wohnung selbst genutzt wird. Ausnahmsweise gilt das auch für einen blossen Landkauf, falls bereits ein gültiger Werkvertrag für den Bau eines Hauses vorliegt. Der Mindestbezug beträgt 20'000 Franken, ausser beim Kauf von Anteilscheinen für Wohngenossenschaften und Ähnlichem sowie beim Bezug eines Freizügigkeitskontos bzw. einer Freizügigkeitspolice. Auch wiederkehrende Bezüge sind möglich, und zwar alle fünf Jahre.

☞ Hinweis

Im Rahmen des Wohneigentumsförderungsgesetzes dürfen gleich wie Pensionskassengelder auch in der Säule 3a angesparte Guthaben vorzeitig bezogen werden. Anders als beim Pensionskassenbezug gilt hier jedoch keine Mindestbezugslimite. Somit dürfen auch Säule-3a-Guthaben unter 20'000 Franken für den Erwerb eines Eigenheims bzw. für die Amortisation einer darauf lastenden Hypothek verwendet werden.

Steuern

Belehnung

Pensionskasse

Höhe des Pensionskassenanspruchs

Durch die regelmässigen Sparbeiträge von Arbeitnehmer und Arbeitgeber kommen in der Pensionskasse innert weniger Jahre mehrere zehntausend oder gar hunderttausend Franken zusammen. Den aktuellen Stand seines persönlichen Pensionskassenguthabens kann man dem Pensionskassenausweis, den die meisten Versicherten jeweils Anfang Jahr zugeschickt erhalten, unter dem Punkt «Freizügigkeitsleistung» entnehmen. Die Freizügigkeitsleistung ist gleichbedeutend mit der Austrittsleistung bei einem Stellenwechsel. Eine Einschränkung gilt jedoch für Leute über 50 Jahre: Sie haben zum Zweck der Wohneigentumsförderung lediglich Zugriff auf ihre Freizügigkeitsleistung mit Alter 50 bzw. die Hälfte der aktuellen Freizügigkeitsleistung im Zeitpunkt des Bezugs – je nachdem, welcher der beiden Beträge höher ist. Beträgt beispielsweise die Freizügigkeitsleistung eines 60-Jährigen 500'000 Franken, diejenige mit Alter 50 200'000 Franken, dürfen maximal 250'000 Franken bezogen werden. Wer weniger als drei Jahre vor der regulären Pensionierung steht, darf gar nichts mehr beziehen. Betroffen von dieser Regelung sind demnach Männer ab Alter 62 und Frauen ab Alter 60 bzw. 61 (je nachdem, ob sie mit 63 oder 64 regulär in Rente gehen). Achtung: Sieht das Reglement der Pensionskasse vor, dass man sich bereits früher pensionieren lassen kann (zum Beispiel mit Alter 60), gilt die dreijährige

Amortisation

Hypothekarmodelle

Ratingoptimierung

Zinsstrategien

Hypothekaranbieter

Versicherung

Planungshilfen

Frist bereits ab dem frühestmöglichen Pensionierungsalter. Für den Vorbezug braucht es in jedem Fall die schriftliche Einwilligung des Ehepartners. Zwei Bezugsmöglichkeiten stehen generell zur Auswahl: der Barbezug oder die Verpfändung der Vorsorgegelder zugunsten der finanzierenden Bank.

Vor- und Nachteile des Barbezugs

Die Vorteile des Barbezugs liegen auf der Hand: Wer sich das Pensionskassenkapital auszahlen lässt, benötigt weniger Hypotheken und muss folglich der Bank weniger Hypothekarzinsen bezahlen. Die jedoch mit einer tieferen Verschuldung verbundenen steuerlichen Nachteile werden im Kapitel «Steuern» ab Seite 11 ausführlich aufgezeigt. Hinzu kommt, dass die Gelder aus einem steuerfreien Kreislauf herausgenommen werden. Denn solange das Kapital in der zweiten Säule bleibt, sind weder die Zinserträge als Einkommen noch das Kapital als Vermögen steuerbar. Was die meisten zudem vergessen: Bei der Auszahlung von Kapital aus der Pensionskasse (und der Säule 3a) wird eine separat zum übrigen Einkommen berechnete Steuer fällig. Je nach Wohnort und Höhe des Kapitalbezugs beläuft sich diese in der Regel auf zwischen 3 Prozent und 20 Prozent des ausbezahlten Betrags. Gleich wie bei den Einkommenssteuern gilt auch für diese Kapitalauszahlungssteuer: Je höher der Steuerbetrag, desto höher der Steuersatz. Wichtig: Der Steuerbetrag kann nicht mit dem bezogenen Pensionskassenkapital verrechnet, sondern muss separat bezahlt werden. Die bezogene Summe wird von Gesetzes wegen direkt der finanzierenden Bank bzw. dem Verkäufer überwiesen. Das kann bei den Überlegungen ins Gewicht fallen, denn wer grössere Kapitalien abruft, muss unter Umständen auf einen Schlag mehrere zehntausend Franken Steuern zahlen. Beachten sollte man auch, dass es bis zu sechs Monate dauern kann, bis die Pensionskasse das Kapital auszahlt – was den Hauskauf unter Umständen erheblich verzögern kann.

Steuern beim Bezug von Pensionskassenkapital

Beispiel: Verheirateter 50-jähriger Steuerpflichtiger; Steuern 2002 für Bund, Kanton und Gemeinde (exkl. Kirche)

		Auszahlung 200'000 Fr.	Auszahlung 500'000 Fr.
Schwyz	SZ	7'352	34'944
Chur	GR	8'903	34'322
Zug	ZG	9'591	32'194
Liestal	BL	9'733	27'553
Bellinzona	TI	11'053	30'853
Schaffhausen	SH	11'359	36'304
Solothurn	SO	11'899	38'333
Zürich	ZH	12'133	48'558
Sitten	VS	12'647	52'772
St. Gallen	SG	14'090	40'185
Stans	NW	14'254	41'072
Genf	GE	14'444	43'349
Appenzell	AI	14'573	39'789
Frauenfeld	TG	14'613	59'410
Glarus	GL	15'003	40'728
Herisau	AR	15'373	41'653
Basel	BS	15'803	47'603
Luzern	LU	15'884	48'220
Sarnen	OW	15'904	44'180
Bern	BE	16'715	61'131
Aarau	AG	16'863	55'078
Neuenburg	NE	17'118	46'016
Lausanne	VD	17'929	58'518
Delsberg	JU	18'322	73'366
Freiburg	FR	18'963	60'063
Altdorf	UR	18'979	55'753

Quelle: Steuerberechnungsprogramm «TRIBUT»

Steuern

Belehnung

Pensionskasse

Amortisation

Hypothekarmodelle

Ratingoptimierung

Zinsstrategien

Hypothekaranbieter

Versicherung

Planungshilfen

Vorsicht: Ein Kapitalbezug hat tiefere Pensionskassenleistungen zur Folge

Weitreichende Konsequenzen hat der Bezug auch auf die Leistungen der Pensionskasse. So wird nach einem Kapitalbezug in jedem Fall die Altersrente geringer ausfallen. Je nach Pensionskasse trifft das auch auf die Leistungen bei Tod oder Invalidität (so genannte «Risikoleistungen») zu. Es empfiehlt sich, die genauen Leistungskürzungen sorgfältig abzuklären. Wer Leistungseinbussen bei der Altersrente verhindern will, muss der Pensionskasse das bezogene Kapital samt den entgangenen Zinsen bis zur Pensionierung sukzessive wieder zurückzahlen. Einbussen bei den Risikoleistungen lassen sich mit dem Abschluss einer Risiko-Lebensversicherung kompensieren.

Tipp!

Steuerlich interessanter als die Rückzahlung des Vorbezugs sind Einkäufe für fehlende Beitragsjahre. Der Einkaufsbetrag darf vom steuerbaren Einkommen abgezogen werden, falls er unter Anrechnung der Vorbezüge die maximal zulässigen Leistungen gemäss Pensionskassenreglement und die steuerlichen Limiten nicht überschreitet. Ihre Pensionskasse kann Ihnen das vorhandene Einkaufspotenzial berechnen.

Kapital bleibt Eigentum der Pensionskasse

Und noch einen heiklen Punkt gilt es zu beachten: Trotz Bezug bleibt das Kapital im Eigentum der Pensionskasse. Mit der Auszahlung wird auf Kosten des Bezügers im Grundbuch eine Veräusserungsbeschränkung eingetragen. Diese hat zur Folge, dass der bezogene Betrag der Pensionskasse zurückbezahlt werden muss, wenn die Liegenschaft veräussert wird.
Ebenfalls zur Rückzahlung fällig wird das Guthaben, wenn der Bezüger stirbt und keine Hinterbliebenenleistungen der Pensionskasse, wie zum Beispiel eine Ehegattenrente, fällig werden. Häufig vor Probleme stellt das Ehemänner, wenn die Pensionskasse der Frau keine Witwerrente vorsieht und der Vorbezug somit zur Rückzahlung fällig wird. Benachteiligt sind aber auch Konkubinatspartner. Meistens erhalten auch sie keine Pensions-

kassenrente ihres verstorbenen Partners. Im Extremfall muss das gemeinsame Eigenheim nach dem Tod des Ehe- bzw. Konkubinatspartners sogar verkauft werden, nur um der Pensionskasse das Darlehen zurückzahlen zu können. Ähnliches kann einem auch im Falle einer Scheidung blühen, denn Geschiedene haben Anrecht auf die Hälfte des während der Ehezeit angesparten Pensionskassenkapitals des anderen. Bereits bezogene Gelder werden bei der Aufteilung ebenfalls miteinbezogen.

Tipp!

Bei einer Rückzahlung des Vorbezugs darf man die beim Bezug bezahlten Steuern (allerdings ohne Zinsen) zurückverlangen. Stellen Sie dazu ein Gesuch an die kantonale Steuerbehörde, die den Bezug seinerzeit besteuert hat. Das Recht auf Rückerstattung erlischt nach drei Jahren seit der Wiedereinzahlung des Vorbezugs!

Verpfändung meist sinnvoller

Die Nachteile eines Barbezugs kann man vermeiden, indem das Pensionskassenkapital lediglich verpfändet wird. Die Bank gewährt dem Liegenschaftskäufer ein Darlehen in Höhe seines pfändbaren Pensionskassenkapitals. Mittlerweile wird die Verpfändung auch von vielen Banken und Pensionskassen als die einfachere und bessere Variante anerkannt. Einerseits werden bei einer Verpfändung die Leistungen der Pensionskasse nicht beeinträchtigt. Hinterlassenen- und Invalidenrenten bleiben in voller Höhe bestehen. Sofern der mit Pensionskassengeld sichergestellte Anteil der Hypothek bis zur Pensionierung zurückbezahlt wird, gilt das auch für die Altersrente. Zudem wird das Pensionskassengeld bei einer Verpfändung weiterhin steuerfrei verzinst. Und im Gegensatz zum Barbezug kann ein höherer Hypothekarzins vom steuerbaren Einkommen abgezogen werden. Allerdings muss bei dieser Variante berücksichtigt werden, dass die Gesamtbelastung (inklusive zusätzlicher Darlehenszinsen und Amortisationsraten) nicht mehr als ein Drittel des verfügbaren Bruttoeinkommens beansprucht.

Steuern

Belehnung

Pensionskasse

Amortisation

Hypothekarmodelle

Ratingoptimierung

Zinsstrategien

Hypothekaranbieter

Versicherung

Planungshilfen

Banken gewähren Vorzugszins

Für das mit Pensionskassengeld sichergestellte Darlehen gewähren viele Banken einen Vorzugszins, häufig den gleichen Zinssatz wie für eine Ersthypothek. Schliesslich können die Banken im Gegenzug auf ein erstklassiges Pfand zurückgreifen, sollte der Kreditnehmer zahlungsunfähig werden. Einzelne Banken gewähren den Vorzugszinssatz aber nur auf den Hypothekarbetrag, der 80 Prozent des Liegenschaftswertes übersteigt. Andere wiederum rechnen bei einer Verpfändung lediglich 90 Prozent des aktuell verfügbaren Pensionskassenguthabens als Sicherheit an (die zehnprozentige Sicherheitsmarge dient dem Kreditinstitut dazu, die bei einer Verwertung der Pensionskassengelder fällig werdende Auszahlungssteuer sicherzustellen) und/oder verlangen den Abschluss einer Todesfallrisikoversicherung in Höhe des verpfändeten Betrags, damit sie im Todesfall des Kreditnehmers nicht auf sein Pensionskassenkapital zurückgreifen müssen.

Vergleichsrechnung

Dass die Verpfändung meistens die bessere Variante als der Barbezug ist, zeigt auch die folgende Vergleichsrechnung. Ein Eigenheimkäufer möchte 100'000 Franken Pensionskassenkapital als Eigenmittel einsetzen. Sowohl bei einem Barbezug wie auch bei einer Verpfändung ist es sinnvoll, die bezogenen oder verpfändeten Beträge bis zur Pensionierung wieder anzusparen, damit der Eigenheimbesitzer im Pensionsalter über die volle und unverpfändete Altersrente verfügt. Die meisten Banken verlangen sogar zwingend eine Rückzahlung bzw. Wiederansparung der Pensionskassengelder.

Damit bei einem Barbezug keine Einbusse des Altersguthabens resultiert, müssten jährlich 6'880 Franken auf die Seite gelegt werden. Denn würde das Kapital in der Pensionskasse belassen, betrüge das Altersguthaben nach 20 Jahren inklusive Zins rund 190'000 Franken. Hinzu kommen beim Barbezug die Kosten für eine Risiko-Lebensversicherung, mit der die Leistungsein-

Vergleichsrechnung Barbezug gegenüber Verpfändung von PK-Geldern

Ausgangslage: Bezug von 100'000 Fr. Pensionskassenkapital, Wiederansparung des bezogenen Betrags bzw. Amortisation des verpfändeten Betrags innert 20 Jahren, Kosten in Fr. pro Jahr

	Variante Barbezug	Variante Verpfändung
Sparbetrag für Wiederansparung	6'880 [1]	–
Amortisation der zusätzlichen Hypothek	–	3'630 [2]
Hypothekarzinsen (4%)		4'000
Steuerersparnis durch Schuldzinsabzug		– 1'400 [3]
Zusätzlicher Versicherungsschutz für Pensionskassenleistungskürzung	1'100 [4]	–
Jährlicher Gesamtaufwand	**7'980**	**6'230**

Anmerkung: Beim Barbezug fällt zudem eine einmalige Auszahlungssteuer an, die bei späterer Rückzahlung des bezogenen Kapitals wieder zurückgefordert werden kann .

1 Zur Wiederansparung des bezogenen PK-Kapitals (100'000 Fr.) sowie der entgangenen Zinsen (nach 20 Jahren 90'000 Fr.); angenommene jährliche Verzinsung von durchschnittlich 3,25%
2 Gerechnet nach der indirekten Amortisationsmethode zu 3,25% Zins
3 Annahme: Grenzsteuersatz 35%
4 Annahme: Invalidenrente in Höhe von 7'200 Fr., Witwenrente von 4'320 Fr.

busse bei den Todesfall- und Invalidenrenten kompensiert wird. Bei der Variante Verpfändung hingegen bleibt das Kapital in der Pensionskasse, so dass lediglich die Pensionskassenhypothek von 100'000 Franken innert 20 Jahren amortisiert werden muss. Diese kann mit der indirekten Amortisationsmethode (siehe Kapitel «Amortisation», Seite 42) in jährlichen Raten von 3'630 Franken getilgt werden. Zudem fallen höhere Hypothekarzinsen an als beim Barbezug, die jedoch vom steuerbaren Einkommen abgezogen werden dürfen. Alles in allem kommt die Variante Verpfändung damit um rund 1'750 Franken pro Jahr günstiger zu stehen als ein Barbezug des Pensionskassenkapitals.

Steuern

Belehnung

Pensionskasse

Amortisation

Hypothekarmodelle

Ratingoptimierung

Zinsstrategien

Hypothekaranbieter

Versicherung

Planungshilfen

Nicht alle Banken akzeptieren PK-Geld

Es gibt Banken, die bei Immobilienfinanzierungen mit Pensionskassengeldern zurückhaltend sind. Sie weigern sich, Gelder der zweiten Säule bei der Hausfinanzierung anzurechnen. Ihr Argument ist einerseits, dass es sich bei Pensionskassengeld nicht um «echte» Ersparnisse handelt. Andererseits scheuen die betreffenden Banken das Szenario, das bei einem Todesfall des Kreditnehmers eintreten könnte: Im Extremfall drohen die Versteigerung der Liegenschaft sowie geschmälerte Renten für die Hinterbliebenen. Wenigstens lenken manche Banken ein, wenn man ihnen anbietet, eine Todesfallrisikoversicherung im Umfang des bezogenen bzw. verpfändeten Pensionskassenbetrages abzuschliessen. In einzelnen Fällen können auch Erklärungen Sinn machen, dass man ganz einfach nicht in der Lage war, genügend «echte» Ersparnisse anzulegen – zum Beispiel weil man eine längere Ausbildung absolviert hat. Nützt auch das nichts, sucht man sich besser einen kulanteren Geldgeber. Das gilt auch, wenn die Bank nicht bereit ist, für verpfändetes Pensionskassenkapital deutlich bessere Zinskonditionen anzubieten.

Lohnt sich ein Barbezug bei Unterdeckung der Pensionskasse?

Die schlechten Börsenjahre machen auch den Pensionskassen zu schaffen. Schätzungsweise jede zweite Kasse dürfte per Ende 2002 eine Unterdeckung haben. Das hat unter Umständen direkte Konsequenzen für die Versicherten: Bei Unterdeckungen von 90 Prozent und weniger muss die Pensionskasse in der Regel saniert werden. Zu diesem Zweck kann sie beispielsweise für eine Zeitlang Zusatzbeiträge von den Versicherten einfordern und/oder die Verzinsung auf dem überobligatorischen Teil des Altersguthabens reduzieren. Die nach dem Obligatorium berechneten Minimalleistungen hingegen müssen nach Gesetz mit derzeit mindestens 3,25 Prozent verzinst werden. Bis Ende 2002 lag dieser Satz noch bei 4 Prozent. Verbessert sich die Lage an den Börsen und Kapitalmärkten bis

Ende 2003 nicht wesentlich, wird der Bundesrat auf Anfang 2004 eventuell eine weitere Zinsreduktion beschliessen. Viele Versicherte fürchten angesichts der angespannten Situation um ihr Pensionskassenguthaben. Verluste drohen jedoch höchstens, wenn eine Pensionskasse mit Unterdeckung infolge einer grösseren Entlassungswelle oder Umstrukturierung des Arbeitgebers teilliquidiert – in selten Fällen auch, wenn sie infolge Konkurses des Arbeitgebers sogar vollständig aufgelöst – werden muss. Dann dürfen die Pensionskassen das vorhandene Alterskapital im Verhältnis der bestehenden Unterdeckung kürzen.

Eigenheimbesitzer können solche Verluste mit einem Barbezug im Rahmen der Wohneigentumsförderung umgehen. Hier darf die Pensionskasse (noch) keinen Unterdeckungsabzug vornehmen. Machen jedoch viele Versicherte von dieser Möglichkeit Gebrauch, bringt das die Pensionskassen zusätzlich ins Trudeln. Der Gesetzgeber will daher die Einschränkung des Wohneigentumsvorbezugs bei sanierungsbedürftigen Pensionskassen prüfen. Ob sich für betroffene Versicherte ein Barbezug des Pensionskassenkapitals lohnt, sollte jedoch genau abgeklärt werden – am besten mit Hilfe eines Finanzberaters. Berücksichtigt werden müssen insbesondere die Leistungskürzungen und die steuerlichen Folgen.

Steuern

Belehnung

Pensionskasse

Amortisation

Hypothekarmodelle

Ratingoptimierung

Zinsstrategien

Hypothekaranbieter

Versicherung

Planungshilfen

Kapitel 4

Soll ich direkt oder indirekt amortisieren?

Steuern

Beleh-
nung

Pensions-
kasse

Amorti-
sation

Hypo-
thekar-
modelle

Rating-
optimie-
rung

Zins-
strategien

Hypo-
thekar-
anbieter

Ver-
sicherung

Planungs-
hilfen

Soll ich direkt oder indirekt amortisieren?

Keine Frage: Die Hypothek zu amortisieren, ist eine sinnvolle Sache. Denn durch den Schuldenabbau bildet man indirekt Vermögen. Zu Amortisationszahlungen verpflichtet sind aber lediglich Eigentümer mit einer Zweithypothek. Ersthypotheken hingegen müssen in der Regel nicht amortisiert werden. Wer das dennoch tut, macht es somit freiwillig und meist mit dem Hintergedanken, die Eigenheimschulden im Hinblick auf das Alter zu reduzieren. Das drängt sich auch auf, sinken doch die Einkünfte nach der Pensionierung meist erheblich. Die Frage lautet also demnach nicht, ob man amortisieren soll, sondern wie viel man amortisiert und wie. Während bei der Frage nach dem «wie viel» wie im Kapitel 2 beschrieben in erster Linie steuerliche Faktoren eine Rolle spielen, geht es beim «wie» darum, ob man besser direkt oder indirekt amortisieren soll.

Direkte versus indirekte Amortisation

Bei der direkten Amortisation wird die Hypothek (z.B. die zweite Hypothek) über einen gewissen Zeitraum durch regelmässige Raten abbezahlt. Die Hypothekarschuld sinkt dadurch zwar stetig. Allerdings werden auch die vom steuerbaren Einkommen absetzbaren Schuldzinsen immer geringer. Steuerlich interessanter ist deshalb die indirekte Amortisation. Statt der direkten Rückzahlung wird der Betrag separat auf die Seite gelegt und erst später – zum Beispiel wenn der zur Rückzahlung der zweiten Hypothek benötigte Betrag angespart ist oder das Pensionsalter erreicht ist – samt Zins und Zinseszins zur Reduktion der Hypothek verwendet. Da die Schulden und damit auch die Schuldzinsen immer gleich hoch bleiben, können Leute mit mittleren und höheren Einkommen beachtliche Steuerersparnisse erzielen. Auch für die Bank birgt die indirekte Amortisation keine Nachteile. Sofern eine Amortisationspflicht besteht, lässt sie sich die angehäuften Ersparnisse in der

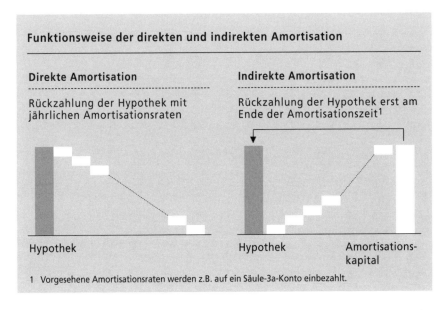

Funktionsweise der direkten und indirekten Amortisation

Direkte Amortisation

Rückzahlung der Hypothek mit jährlichen Amortisationsraten

Indirekte Amortisation

Rückzahlung der Hypothek erst am Ende der Amortisationszeit[1]

Hypothek

Hypothek   Amortisationskapital

1 Vorgesehene Amortisationsraten werden z.B. auf ein Säule-3a-Konto einbezahlt.

Steuern

Belehnung

Pensionskasse

Amortisation

Hypothekarmodelle

Ratingoptimierung

Zinsstrategien

Hypothekaranbieter

Versicherung

Planungshilfen

Regel verpfänden, damit sie bei Zahlungsschwierigkeiten des Schuldners darauf zurückgreifen kann.

Amortisation über Säule 3a

Am besten für die indirekte Amortisation eignet sich die Säule 3a. Zum einen verzinsen die Banken 3a-Konten in der Regel zwischen 0,5 und 1 Prozentpunkt besser als normale Sparkonten. Andererseits dürfen die einbezahlten Beträge vom steuerbaren Einkommen abgezogen werden, was zusätzliche Steuerersparnisse bringt. Leider hat der Gesetzgeber die Einzahlungen begrenzt: Angestellte mit Pensionskasse dürfen 2003 maximal 6'077 Franken einzahlen, Angestellte ohne Pensionskasse (insbesondere Selbstständige und Teilzeitler) hingegen 20 Prozent ihres Bruttoeinkommens, zurzeit aber höchstens 30'384 Franken pro Jahr. Hausfrauen bzw. -männern und anderen Nichterwerbstätigen bleibt diese Möglichkeit verwehrt. Erwerbstätige Ehepaare dürfen selbstverständlich beide ihren Maximalbeitrag einzahlen. Zusätzlich attraktiv macht die dritte Säule, dass Zins- und Zinseszins bis zum Bezug steuerfrei sind und auch die Vermögenssteuer entfällt. Erst bei Auszahlung der dritten Säule wird eine einmalige Steuer fällig. Für Kapitalbezüge bis zu 250'000 Franken betragen die Steuern in den meisten Kantonen jedoch weniger als 10 Prozent des Auszahlungsbetrags.

Vergleich zeigt massive Vorteile der indirekten Amortisation

Die Vorteile der indirekten Amortisation verdeutlicht die folgende Vergleichsrechnung: Eine Zweithypothek von 100'000 Franken soll über 20 Jahre amortisiert werden. Das ergibt jährliche Amortisationsraten von 5'000 Franken. Wird die Hypothek direkt amortisiert, nehmen zwar jedes Jahr die Hypothekarzinsen ab. In der Folge sinken aber auch die jährlichen Steuerersparnisse, die sich mit dem Abzug der Schuldzinsen vom steuerbaren Einkommen realisieren lassen. Wird der jährlich für die Amortisation vorgesehene Betrag hingegen auf ein Säule-3a-Bankkonto einbezahlt, bleibt der Steuervorteil über die ganze Amortisationsfrist erhalten. Neben den Hypothekarzinsen dürfen auch die Einzahlungen in die dritte Säule vom steuerbaren Einkommen abgezogen werden, was eine zusätzliche Steuerersparnis von 33'000 Franken bringt. Nach 20 Jahren wird das in der dritten Säule angehäufte Kapital zur Reduktion der Hypothek verwendet. Bei durchschnittlich 3 Prozent Zins pro Jahr beträgt der Stand des 3a-Kontos nach 20 Jahren ingesamt 134'350 Franken. Nach Abzug der Auszahlungssteuer von 8'060 Franken bleiben davon netto 126'290 Franken für die Rückführung der Hypothek übrig. Berücksichtigt man sämtliche Kosten und Steuereffekte, resultiert insgesamt ein Vorteil von über 30'000 Franken zugunsten der indirekten Amortisation.

Bankkonto hat weniger Nachteile als Police

Anstelle eines Bankkontos kann auch eine Lebensversicherung im Rahmen der Säule 3a abgeschlossen werden (so genannte «Vorsorge-Police»). Steuerlich werden sie gleich behandelt wie

Vergleichsrechnung:
Direkte Amortisation versus indirekte Amortisation via Säule 3a

Basis: Amortisation einer Hypothek von 100'000 Fr. über 20 Jahre, Grenzsteuersatz Kreditnehmer 33%, Hypothekarzins 4,5%, Zinssatz Säule-3a-Konto 3%; Amortisationszahlungen bzw. Einzahlungen in die Säule 3a werden jeweils am Jahresende vorgenommen

	Direkte Amortisation	Indirekte Amortisation
Amortisationsraten	100'000	100'000
Hypothekarzinsen	47'250	90'000
Steuerersparnis durch Abzug der Schuldzinsen	– 15'600	– 29'700
Zinsgutschriften Säule-3a-Konto	–	– 34'350
Steuerersparnis durch Abzug der Säule 3a-Beiträge	–	– 33'000
Kapitalauszahlungssteuer Säule 3a	–	8'060 [1]
Total Kosten	**131'650**	**101'010**
Vorteil der indirekten Amortisation:	⌐— 30'640 —⌐	

1 Unter Annahme, dass auf dem ausbezahlten Säule 3a-Kapital von 134'350 Franken eine Kapitalsteuer von 6% fällig wird

ein 3a-Bankkonto. Vorsorge-Policen haben aber die gleichen Nachteile wie jede andere Sparversicherung: Fixe Einzahlungsbeträge während der gesamten Laufzeit, hohe Abschlusskosten (Provisionen der Vertreter), intransparente Verzinsung (Höhe der Überschüsse vom Geschäftsverlauf der Gesellschaft abhängig und somit nicht garantiert), grosse Verluste bei vorzeitiger Auflösung der Police. Letzterer Punkt würde sich auch als Nachteil erweisen, falls der Eigenmietwert in ein paar Jahren doch noch abgeschafft wird. Weil dann auch die Hypothekarzinsen nicht mehr vom steuerbaren Einkommen abgezogen werden dürfen, lohnt es sich, die Verschuldung so rasch als möglich zu reduzieren. Wer deshalb seine Police vorzeitig kündigen und mit dem Geld die Hypothek reduzieren möchte, muss mit happigen Einbussen rechnen. Wesentlich flexibler

Steuern

Belehnung

Pensionskasse

Amortisation

Hypothekarmodelle

Ratingoptimierung

Zinsstrategien

Hypothekaranbieter

Versicherung

Planungshilfen

und kostengünstiger als Versicherungspolicen sind die 3a-Konten der Banken. Eine fixe Einzahlungspflicht besteht hier nicht und der Kunde kann im Rahmen der gesetzlichen Möglichkeiten jederzeit über den vollen Saldo verfügen. Wer den in der Vorsorge-Police automatisch integrierten Risikoschutz bei Tod und Invalidität benötigt, schliesst zusätzlich zum Konto besser eine reine Risiko-Lebensversicherung ab.

Vorsicht beim 3a-Aktiensparen! Seit das Aktiensparen in Mode gekommen ist, bieten Banken und Versicherungen auch fondsgebundene 3a-Produkte an. Die Palette reicht von 10 Prozent Aktienanteil bis zu den gesetzlich maximal erlaubten 50 Prozent. Spätestens seit den grossen Kurseinbrüchen der letzten Jahre wissen aber alle, dass es an der Börse nicht immer nur aufwärts geht. Es gilt die Faustregel: Je kürzer der Anlagehorizont, desto geringer sollte die Aktienquote sein. Wer die indirekte Amortisation seiner Hypothek über eine fondsgebundene 3a-Lösung ins Auge fasst, muss berücksichtigen, dass die meisten Banken wegen der Kursrisiken von Anfang an höhere Amortisationsraten als bei einer konventionellen Lösung ohne Aktienanteil verlangen. Bei grösseren Kursverlusten kann die Bank zudem eine Nachschusspflicht geltend machen und somit vom Kreditnehmer verlangen, dass er die erlittenen Verluste mit einer Nachzahlung sofort ausgleicht. Deshalb gilt: Wer trotz der erwähnten Nachteile über eine fondsgebundene Vorsorge-Police amortisieren will, wählt mit Vorteil einen der wenigen Anbieter, der unabhängig vom Börsenverlauf einen Mindestauszahlungsbetrag bei Ablauf der Police garantiert.

Tipp! *Die Zinsunterschiede unter den Banken bei den 3a-Konten sind zwar auf den ersten Blick nicht gewaltig. Allerdings rechnet sich bereits ein kleiner Unterschied von 0,5 Prozent über die Jahre. Bei Einzahlungen von jährlich 6'000 Franken und einer konstanten*

Verzinsung von 3 Prozent statt 2,5 Prozent beträgt der Kontostand nach 20 Jahren 161'220 Franken statt 153'270 Franken. Mehrertrag: rund 8'000 Franken. Leider verlangt in der Regel die finanzierende Bank, dass indirekte Amortisationen über ihr eigenes 3a-Konto getätigt werden. Eine löbliche Ausnahme bildet hier jedoch die Hypothek des Schweizerischen Hauseigentümerverbandes (HEV Schweiz). Bei der HEV-Hypothek (Infos unter www.hev-schweiz.ch oder Telefon 01 207 23 23) ist der Kreditnehmer bei der Wahl seines 3a-Kontos frei. Welche Banken mit den besten Zinsen aufwarten, erfahren Interessierte unter www.vzonline.ch. Ebenfalls verglichen werden dort regelmässig die Angebote für Vorsorge-Policen, wo nicht minder grosse Unterschiede bestehen.

Indirekte Amortisation via Pensionskasse

Wer die Säule 3a betraglich bereits voll ausschöpft und freiwillig höhere Amortisationsbeiträge leisten will bzw. muss, kann zum Beispiel auf die Pensionskasse ausweichen. Die meisten Erwerbstätigen können freiwillige Zusatzbeiträge in ihre Pensionskasse einzahlen. Gleich wie bei der Säule 3a darf man diese vom steuerbaren Einkommen abziehen. Wie viel Zukäufe die Pensionskasse und der Fiskus erlauben, kann man sich von seiner Pensionskasse berechnen lassen. Doch Vorsicht: Die indirekte Amortisation über die Pensionskasse hat unter Umständen gewichtige Nachteile. So kann man sich das einbezahlte Pensionskassenkapital in den meisten Fällen nicht mehr auszahlen lassen, wenn man invalide wird. Das gilt auch für die Hinterbliebenen, wenn der Versicherte stirbt. Tritt einer dieser beiden Fälle ein, zahlt die Pensionskasse eine Invalidenrente bzw. Hinterlassenenrente. Nicht bei allen Kassen aber führen freiwillige Zuzahlungen auch zu höheren Todesfall- oder Invalidenleistungen, so dass die Einzahlungen unter Umständen umsonst waren.

Eventuelle Nachteile ergeben sich auch im Alter, wenn die Pensionskasse bei der Pensionierung kein Wahlrecht zwischen

Steuern

Belehnung

Pensionskasse

Amortisation

Hypothekarmodelle

Ratingoptimierung

Zinsstrategien

Hypothekaranbieter

Versicherung

Planungshilfen

dem Renten- oder Kapitalbezug vorsieht. Damit entfällt die Möglichkeit, sich anstelle der Altersrente das Kapital auszahlen zu lassen, um damit beispielsweise die Hypothek zu amortisieren. Bei Pensionskassen mit Wahlrecht sollte man beachten, dass der Kapitalbezug in der Regel mindestens drei Jahre vor dem regulären bzw. vor dem gemäss Pensionskassenreglement frühestmöglichen Pensionierungsdatum schriftlich angemeldet werden muss. Weil die Konsequenzen weitreichend sind, spricht man am besten mit einem unabhängigen Finanz- und Vermögensberater über mögliche Folgen einer Amortisation über die Pensionskasse.

Achtung bei Pensionskassen mit Unterdeckung!

Vorsicht angebracht ist bei zusätzlichen Einkäufen in eine Pensionskasse mit erheblicher Unterdeckung. Unter Umständen droht hier ein Kapitalverlust, wenn die Pensionskasse teilweise oder vollständig liquidiert werden muss (siehe auch Seiten 38/39).

Für die indirekte Amortisation kommen grundsätzlich auch Lebensversicherungen im Rahmen der freien Vorsorge (Säule 3b) in Frage. Im Gegensatz zur gebundenen Säule 3a können die einbezahlten Beträge zwar nicht vom steuerbaren Einkommen abgezogen werden. Vorteilhaft sind solche Policen allerdings, weil der bei Ablauf der Police ausbezahlte Zinsanteil nicht versteuert werden muss, wenn die Laufzeit der Police mindestens fünf Jahre (bei Fondspolicen mindestens 10 Jahre) beträgt. Renditemässig besonders interessant sind so genannte «3b-Erlebensfallversicherungen». Im Gegensatz zu den klassischen «gemischten Versicherungen» gegen Jahresprämie enthalten sie nur ein minimales Todesfallkapital, weshalb die Ablaufrenditen meist deutlich höher sind. Versicherungsagenten machen auf diese Möglichkeit allerdings selten aufmerksam, weil sie für solche Produkte in der Regel weniger Provisionen erhalten.

Wer etwas risikoreicher investieren – und damit statistisch gesehen langfristig etwas höhere Renditen erzielen – will, kauft anstelle einer Lebensversicherung Wertschriften. Die meisten Banken bieten für jeden Gusto entsprechende Fondssparpläne mit unterschiedlichem Aktien- bzw. Obligationenanteil an. Im Gegensatz zu den Geldern der dritten Säule gelten hier für Aktien keine Höchstlimiten. Dafür bestehen aber umso höhere (Verlust-)Risiken.

Regelmässige 3a-Rückzüge lohnen sich oft

Indirekt amortisieren lohnt sich nur, wenn das angelegte Kapital unter dem Strich mehr Ertrag abwirft, als dadurch netto Hypothekarzinsen gespart werden können. Ein Beispiel: Die Nettokosten einer 4,5-Prozent-Hypothek belaufen sich bei einem Grenzsteuersatz von 33 Prozent auf 3 Prozent. Wird der für die Amortisation vorgesehene Betrag stattdessen auf ein Sparkonto einbezahlt, so ist das ein unrentables Geschäft, weil das Konto deutlich weniger als 3 Prozent netto abwirft. Aus den gleichen Überlegungen lohnt es sich häufig, das auf dem Säule-3a-Konto angesparte Kapital regelmässig zu beziehen und damit die Hypothek zu reduzieren. Interessant ist die indirekte Amortisation via dritte Säule nämlich vor allem wegen der Abzugsmöglichkeit der Einzahlungen vom steuerbaren Einkommen. Dieses Geld aber langfristig dort zu belassen, lohnt sich angesichts der Differenz zwischen den Zinssätzen für 3a-Konten und den Hypothekarzinssätzen häufig nicht. Möglich sind Rückzüge der Säule 3a für die Amortisation von Hypotheken alle fünf Jahre. Wer sein Säule-3a-Konto innert dieser Frist regelmässig bezieht, hat noch einen weiteren Vorteil: Die Auszahlungssteuern fallen dank tieferer Progression ingesamt geringer aus als beim einmaligen Bezug des gesamten über Jahrzehnte hinweg angesparten Betrages.

Steuern

Belehnung

Pensionskasse

Amortisation

Hypothekarmodelle

Ratingoptimierung

Zinsstrategien

Hypothekaranbieter

Versicherung

Planungshilfen

Kapitel 5

Welche Hypothekar-
modelle gibt es?

Steuern

Beleh-
nung

Pensions-
kasse

Amorti-
sation

Hypo-
thekar-
modelle

Rating-
optimie-
rung

Zins-
strategien

Hypo-
thekar-
anbieter

Ver-
sicherung

Planungs-
hilfen

Welche Hypothekarmodelle gibt es?

Vorbei sind die Zeiten, als Liegenschaftsbesitzer sich lediglich zwischen einer Hypothek mit variablem oder mit festem Zinssatz entscheiden mussten. Zusätzlich zu diesen beiden klassischen Hypothekarformen bieten die Banken heute eine wachsende Zahl weiterer, aber auch komplexerer Hypothekarmodelle an. Für beinahe jedes Bedürfnis lässt sich das passende Angebot bzw. die passende Hypothekarform finden. Wer eine neue Hypothek aufnimmt oder eine bestehende erneuert, muss sich also zunächst mit der Funktionsweise der wichtigsten auf dem Markt erhältlichen Modelle und deren Vor- und Nachteile auseinandersetzen.

Variable Hypothek

Bei der variablen Hypothek ist es schwierig, die Zinsbelastung zuverlässig zu budgetieren. Ihr Zinssatz wird von den Banken jeweils nach eigenem Ermessen der allgemeinen Zinsentwicklung am Geld- und Kapitalmarkt angepasst. Obwohl die Marktzinsen täglich schwanken, erhöhen bzw. senken die Banken den Zinssatz für ihre variablen Hypotheken in der Regel erst, wenn sich ein eigentlicher Zinstrend abzeichnet. Kritiker bemängeln denn auch immer wieder die intransparente Zinsgestaltung bei den variablen Hypotheken. Insbesondere sinkende Marktzinsen wurden den Kunden in den letzten Jahren nur teilweise und häufig erst noch zeitlich stark verzögert weitergegeben. Die guten Jahresabschlüsse der stark im Hypothekargeschäft verankerten Banken zeigen, dass die Banken damit in den letzten Jahren ein gutes Geschäft gemacht haben und ihre Einnahmenausfälle aus der viel geringeren Anzahl an Börsentransaktionen kompensieren konnten. Eine Ausnahme bilden die Grossbanken UBS und Credit Suisse. Die UBS bietet die variable Hypothek gar nicht mehr an, die Credit Suisse offeriert sie nur auf ausdrücklichen Kundenwunsch.

Attraktiv sind variable Hypotheken meistens dann, wenn die allgemeinen Zinsen stark gestiegen sind und die variablen Zinsen noch nicht angepasst wurden – was in der Regel aber rasch passiert. Ansonsten sind die anderen Modelle, insbesondere Libor-Hypotheken, meistens deutlich günstiger. Gewählt wird die variable Hypothek aber auch, wenn man keine längerfristige Finanzierung sucht – z.B. weil man die weitere Zinsentwicklung abwarten oder seine Liegenschaft demnächst verkaufen will. Bei Hypothekarmodellen mit einer festen Laufzeit wird nämlich eine unter Umständen ziemlich hohe Ausstiegsentschädigung fällig. Variable Hypotheken hingegen haben keine bestimmte Laufzeit und sind in der Regel innert drei oder sechs Monaten kündbar.

Als einzige gesamtschweizerisch tätige Bank bietet die Migrosbank variable Hypotheken, kombiniert mit einer Zinsobergrenze, an. Interessant sind solche Produkte aber höchstens bei stark steigenden Zinsen. Die normalerweise günstigere Alternative sind in einem solchen Fall Festhypotheken.

Festhypothek

Der Zinssatz einer Festhypothek wird beim Vertragsabschluss für eine bestimmte Laufzeit fixiert und bleibt bis zum Ablauf unverändert. Kreditnehmer erhalten damit Gewissheit über die zukünftige Zinsbelastung. Wählbar sind in der Regel Festhypotheken mit Laufzeiten von einem bis zehn Jahren. Am häufigsten werden feste Hypotheken über drei bis fünf Jahre abgeschlossen.

Feste Hypotheken empfehlen sich zum Beispiel für Kreditnehmer, die eine maximale Zinssatzbelastung nicht überschreiten können, so dass die Budgetsicherheit oberste Priorität hat. Attraktiv ist der Abschluss in Zeiten tiefer Zinsen und wenn man glaubt, dass das Zinsniveau in den kommenden Jahren steigt.

Steuern

Belehnung

Pensionskasse

Amortisation

Hypothekarmodelle

Ratingoptimierung

Zinsstrategien

Hypothekaranbieter

Versicherung

Planungshilfen

Mit Festhypotheken verhält es sich allerdings wie mit Aktien: Den optimalen Einstiegszeitpunkt erwischt man selten. Stellt sich beispielsweise heraus, dass man den Zinssatz zu früh fixiert hat, weil die Zinsen nach dem Abschluss weiter sinken, möchten viele Betroffene ihre Festhypothek am liebsten vorzeitig wieder auflösen. Lange nicht alle Verträge sehen aber die vorzeitige Auflösung einer Festhypothek vor, und gewöhnlich nur für den Fall, dass triftige Gründe vorliegen. Als solcher gilt beispielsweise der Verkauf der Liegenschaft. Je nach Kundenbeziehung stimmen Banken aber auch ohne entsprechende Vertragsbestimmung einem vorzeitigen Ausstieg zu.

Ein Ausstieg lohnt sich jedoch nur in ganz seltenen Fällen. Durch die vorzeitige Rückzahlung der Hypothek erleidet die Bank einen Verlust, denn das frei werdende Kapital kann sie aufgrund des aktuell tieferen Zinsniveaus nur zu schlechteren Konditionen wieder anlegen. Diesen Verlust wälzt sie in Form einer Ausstiegsentschädigung voll auf den Kunden ab. Und obwohl die Bank bei einem Ausstieg kein Schuldnerrisiko mehr

---

Berechnung der Ausstiegskosten einer Festhypothek

Beispiel: Bestehende Festhypothek über 400'000 Franken
zu 5,5% und mit einer Restlaufzeit von 6 Monaten

Wegfall der Zinsbelastung auf bisheriger Hypothek	11'000 Fr.
Ausstiegsentschädigung der Bank	– 8'500 Fr. [1]
Zinsbelastung für neue (günstigere) Festhypothek	– 7'000 Fr. [2]
Verlust über die Restlaufzeit von 6 Monaten	– 4'500 Fr. [3]

1 Differenz zwischen Zinssatz der gekündigten Hypothek (5,5%) und dem aktuellen Wiederanlagezinssatz (Annahme: 1,25%)
2 Annahme: 3,5%
3 Vor Berücksichtigung der Steuereinsparung durch Abzug der Ausstiegsentschädigung

trägt, verzichtet sie in der Regel auch nicht auf die Marge – es sei denn, es gelingt dem Kunden, mit Verweis auf seine gute Bankbeziehung einen Verzicht auszuhandeln. Die Ausstiegsentschädigung kann zwar in der nächsten Steuererklärung als Zinsaufwand vom steuerbaren Einkommen abgezogen werden. Dennoch lohnt sich eine vorzeitige Auflösung in den meisten Fällen nicht.

Libor-Hypothek

Im Prinzip ist die Libor-Hypothek eine Festhypothek mit einer kurzen Laufzeit von nur wenigen Monaten. Ihr Zinssatz richtet sich nach dem Libor (Abkürzung für London Interbank Offered Rate). Das ist der Zinssatz, zu dem sich Banken auf dem internationalen Geldmarkt gegenseitig kurzfristig Geld ausleihen. Entsprechend den Laufzeiten der ausgeliehenen Gelder gibt es verschiedene Libor-Sätze: für 1-Monats-, 3-Monats-, 6-Monats- oder 12-Monats-Gelder. Die Libor-Sätze werden täglich in London neu festgelegt.

Zum Libor hinzu schlägt die Bank eine individuelle Risikomarge, die je nach Bonität des Kreditnehmers und Höhe der Belehnung zwischen 1 Prozent und 2 Prozent beträgt. Je nachdem, welchen Libor die Bank der Finanzierung zugrunde legt, wird der Zinssatz der Hypothek jeweils nach 1, 3, 6 oder 12 Monaten dem aktuell gültigen Libor-Satz angepasst. Die bei Vertragsbeginn festgelegte Risikomarge bleibt jedoch fix über die ganze Laufzeit des mit der Bank vereinbarten Rahmenvertrags, der in der Regel zwei bis fünf Jahre beträgt.

Der Libor kann heftig schwanken. So haben Libor-Hypotheken schon weniger als 2 Prozent, aber auch schon 9 Prozent und mehr gekostet. Eine solche Situation belastet jedes Haushaltsbudget und führt unter Umständen dazu, dass die Zinsen nicht mehr bezahlt werden können und die Liegenschaft verkauft werden muss. Wer sich diesem Risiko nicht aussetzen will, kann eine Zinsobergrenze (auch «Zinsdach» oder englisch «Cap» ge-

Steuern

Belehnung

Pensionskasse

Amortisation

Hypothekarmodelle

Ratingoptimierung

Zinsstrategien

Hypothekaranbieter

Versicherung

Planungshilfen

nannt) vereinbaren. Legt man zum Beispiel ein Zinsdach von 4 Prozent fest, erhält man die Zinsen, die diese Obergrenze übersteigen, in Form einer Ausgleichszahlung zurückerstattet. Diese Absicherung kostet beim Abschluss eine einmalige Prämie, die von der Höhe und der Laufzeit des Zinsdaches abhängt. Die Prämie ist entweder vorschüssig zahlbar oder wird in den laufenden Zins miteingerechnet und so über die ganze Laufzeit verteilt. Je tiefer der Maximalzins und je länger die Laufzeit angesetzt wird, desto höher ist die Prämie für das Zinsdach. Ein Zinsdach von 5 Prozent für fünf Jahre beispielsweise kostete im April 2003 je nach Anbieter einmalig zwischen 1,25 Prozent und 1,75 Prozent der abgesicherten Hypothekarsumme. Rechnet man diese Kosten auf eine fünfjährige Libor-Hypothek um, ergibt das einen Zinszuschlag von 0,25 Prozent bis 0,35 Prozent pro Jahr. Die Kosten eines Zinsdaches lassen sich bei einigen Banken (zum Beispiel Credit Suisse und Zürcher Kantonalbank) reduzieren, indem man einen Mindestzinssatz (englisch «Floor») vereinbart. Sinkt der Libor unter diese Marke, profitiert der Kreditnehmer aber nicht mehr von tiefen Zinsen, sondern muss in jedem Fall den vereinbarten Mindestzinssatz berappen.

Die Libor-Hypothek eignet sich vor allem für Kreditnehmer, die kurzfristige Zinsschwankungen finanziell tragen können und bei sinkendem Zinsniveau profitieren wollen. Falls ein Zinsdach vereinbart wurde, ist man bei steigenden Zinsen gegen eine zu hohe Zinsbelastung abgesichert. Zudem hat der Kunde jederzeit die volle Transparenz über seinen Zinssatz, denn die aktuell gültigen Libor-Sätze werden in etlichen Tageszeitungen regelmässig publiziert. Mit dem persönlichen Risikozuschlag der Bank lässt sich also der effektive Hypothekarzins jederzeit nachvollziehen – das im Gegensatz zu den variablen Hypotheken, bei denen die Zinsgestaltung für den Kreditnehmer eher undurchsichtig ist. Grundsätzlich lohnt sich eine

Libor-Hypothek, wenn man davon ausgeht, dass die Zinsen in den kommenden Jahren etwa gleich bleiben oder höchstens moderat ansteigen. Bei einem starken Zinsanstieg wäre man mit einer Festhypothek besser bedient.

Praktisch alle grösseren Banken bieten heute Hypotheken auf Libor-Basis an. Häufig handelt es sich dabei aber um kombinierte Produkte, bei denen nur ein Teil der Gesamthypothek in Form einer Libor-Hypothek aufgenommen werden kann, der Rest in der Regel als Festhypothek (siehe Kombi- bzw. Mix-Hypothek). Ein Cap ist bei vielen Banken obligatorisch (z.B. bei der Zürcher Kantonalbank und bei der Raiffeisenbank), oftmals ist er sogar in der Höhe vorgegeben. Reine Libor-Hypotheken (ohne Zinsdach) bieten zurzeit (März 2003) lediglich die Credit Suisse sowie der Schweizerische Hauseigentümerverband (HEV Schweiz) an.

Tipp!

Eine Zinsabsicherung für weniger als fünf Jahre lohnt sich nur in seltenen Fällen, ebenso wenig eine längere Absicherung. Wer uneingeschränkt von den niedrigen Zinsen einer Libor-Hypothek profitieren will, sollte die Prämie für das Zinsdach nicht der Bank zahlen, sondern das «Geschäft» gleich selber machen. Dazu legen Sie die Differenz zwischen dem aktuellen Libor-Hypothekarzins und einem langjährigen Durchschnittszins für eine Festhypothek von 5 Prozent auf eigene Rechnung als Reserve an. Diese können Sie später dazu verwenden, Zinsschwankungen auszugleichen. Wer das Schwankungsrisiko nicht zu tragen vermag, sollte von vornherein den Abschluss einer Festhypothek ins Auge fassen. Oder aber er splittet die Gesamtschuld gleichzeitig in eine Libor- und eine Festhypothek und hat so wenigstens einen Teilbetrag abgesichert.

Kombi-Hypothek
(Mix-Hypothek)

Die so genannte Kombi- oder Mix-Hypothek ist ein Mittelweg: sie vereint Elemente der variablen und der festen Hypothek.

Steuern

Belehnung

Pensionskasse

Amortisation

Hypothekarmodelle

Ratingoptimierung

Zinsstrategien

Hypothekaranbieter

Versicherung

Planungshilfen

Ein Teilbetrag des Kredites ist festverzinslich, der Rest richtet sich nach dem variablen Zinssatz oder dem Libor. Durch die flexible Aufteilung in einen variablen und einen festen Teil (z.B. im Verhältnis 50:50) wird das Zinsrisiko dosierbar, denn ein Zinsanstieg wirkt sich nur zur Hälfte auf die Zinskosten aus. Je nach Bank ist auch eine (oft unnötige) Zinsabsicherung im Produkt integriert.

Portfolio-Hypothek

Die Portfolio-Hypothek ist eine Besonderheit, die bis dato nur die UBS im Angebot führt und vermutlich auch weiterhin exklusive führen wird. Sie besteht aus einem Paket mit mehreren Festhypotheken, die alle die gleiche Laufzeit aufweisen, aber so gestaffelt sind, dass alle drei Monate eine davon ausläuft bzw. eine neue dazu gekauft wird. Das 2-Jahres-Portfolio besteht aus acht 2-Jahres-Festhypotheken, das 3-Jahres-Portfolio aus zwölf 3-Jahres-Festhypotheken und das 5-Jahres-Portfolio aus zwanzig 5-Jahres-Festhypotheken. Der Zins einer Portfolio-Hypothek ändert sich somit jedes Quartal. Im Gegensatz zu einer variablen Hypothek reagiert die Portfolio-Hypothek aufgrund ihrer besonderen Ausgestaltung nur verzögert und in geringerem Ausmass auf Veränderungen der Marktzinsen. Sie «glättet» also das Zinsrisiko für den Kunden. Bei steigenden Marktzinsen profitiert der Kreditnehmer davon, dass die Portfolio-Hypothek das Niveau einer variablen Hypothek nur sehr verzögert erreicht. Umgekehrt aber hat er in Phasen mit fallenden Zinsen das Nachsehen. Dieser Nachteil zeigte sich in den vergangenen Jahren besonders stark, denn seit 1993 sind die Marktzinsen kontinuierlich gefallen. Zwar ist ein Ein- und Ausstieg jederzeit möglich. Je nach Marktsituation verlangt die Bank aber eine Einstiegs- oder eine Ausstiegsentschädigung. Fazit: Von diesem Modell sollte man die Finger lassen. Wer mit steigenden Zinsen rechnet, schliesst besser eine günstigere Festhypothek ab. Im heutigen Zinsumfeld (Stand

April 2003) lohnt es sich sogar, einen vorzeitigen Ausstieg zu prüfen.

Tipp!

Die Ausstiegsentschädigung lässt sich meist herunterhandeln, wenn Sie der Bank treu bleiben und lediglich in ein anderes Modell wechseln.

Stufenhypothek

Ein verbreitetes Modell ist die abgestufte Hypothek, bei der sich die Zinszahlungen nach einem bestimmten Schlüssel über eine feste Laufzeit (in der Regel drei bis fünf Jahre) verteilen. Die zukünftige Zinsbelastung ist damit bekannt und planbar. Vor allem neue Eigenheimbesitzer können so ihre Belastung in der Anfangsphase reduzieren und über die Zeit schrittweise erhöhen. Generell gilt aber, dass man solche Angebote mit den regulären Hypothekarangeboten vergleichen soll. Nicht selten fährt man damit über die ganze Laufzeit gesehen besser als mit einer Stufenhypothek.

Start-Hypothek

Ausschliesslich den Ersterwerbern von selbstgenutztem Wohneigentum vorbehalten sind Start-Hypotheken. Die Banken ködern Neueinsteiger mit einem Zinsbonus, der jedoch meist nur in den ersten Jahren und/oder lediglich für einen Teilbetrag der gesamten Hypothek gilt. Mit etwas Verhandlungsgeschick lassen sich bei der Konkurrenz oftmals bessere Konditionen aushandeln.

Termin-Hypothek

Wer erst in ein paar Monaten eine (neue) Hypothek benötigt und befürchtet, dass die Zinsen für eine Festhypothek bis dahin wieder steigen, kann sich bereits im Voraus eine Hypothek auf Basis der aktuellen Zinsen «reservieren» lassen. Allerdings verlangen die Banken für eine solche Termin-Hypothek einen Aufpreis, denn sie müssen dieses Geld bereits heute am Kapitalmarkt aufnehmen, können es bis zur Auszahlung aber nur zu

Steuern

Belehnung

Pensionskasse

Amortisation

Hypothekarmodelle

Ratingoptimierung

Zinsstrategien

Hypothekaranbieter

Versicherung

Planungshilfen

einem tieferen Zinssatz anlegen. Wer sich beispielsweise eine Festhypothek sichern möchte, die erst in einem Jahr zu laufen beginnt, zahlt dafür aktuell (Stand April 2003) je nach Bank einen Aufpreis von 0,25 Prozent bis 0,5 Prozent pro Jahr.

Öko-Hypothek

Einzelne und tendenziell immer weniger Banken bieten vergünstigte Hypotheken, falls die Liegenschaft besonders umweltfreundlichen Kriterien zu genügen vermag. Vorausgesetzt wird meistens ein Minergiestandard (Niedrigenergiestandard). Weitere Kriterien sind beispielsweise der Einsatz eines Regenwasser-Retentionsbeckens, Trinkwassersparkonzepte, Verwendung von Baumaterialien ohne Chemikalien, aber auch die Nähe zu öffentlichen Verkehrsmitteln. Unter Umständen kommt auch in den Genuss von reduzierten Konditionen, wer einen Umbau bzw. eine Renovation plant, die nach ökologischen Grundsätzen erfolgt. Achtung: Ein Ökokredit muss nicht zwingend günstiger als eine konventionelle Hypothek bei einer anderen Bank sein.

Kapitel 6

Wie optimiere ich mein Kreditrating?

Steuern

Beleh-
nung

Pensions-
kasse

Amorti-
sation

Hypo-
thekar-
modelle

Rating-
optimie-
rung

Zins-
strategien

Hypo-
thekar-
anbieter

Ver-
sicherung

Planungs-
hilfen

Wie optimiere ich mein Kreditrating?

Bis vor wenigen Jahren legten die Banken die Hypothekarzinsen für alle Kreditnehmer einheitlich fest. Ausnahmen von dieser Regel gab es nur wenige. Vorzugskonditionen erhielt höchstens, wer der Bank lukrative Zusatzgeschäfte anbieten konnte. Heute beurteilen praktisch alle Banken jedes Kreditgesuch individuell. Für die Festlegung des Hypothekarzinssatzes benutzen sie ein ausgeklügeltes Punktesystem. Sie durchleuchten den Kreditnehmer auf diverse Kriterien, die das Kreditrisiko der Bank positiv oder negativ beeinflussen, und

Beurteilungskriterien der Bank

Rating	A (sehr gut)	B (gut)	C (genügend)	D (ungenügend)
Belehnung[1]	unter 60%	60–70%	70–80%	über 80%
Tragbarkeit[2]	unter 20%	20–30%	30–35%	über 35%
Beruf	Aufstiegs-potenzial	guter, sicherer Job	kaum Entwicklungschancen	unsichere Zukunft
Lebensstil	sparsam	angepasst	aufwändig	verschwenderisch
Anzahl Betreibungen	keine	1	2–3	über 3
Objekt	hoher Wiederverkaufswert	Verkauf innert nützlicher Frist	längere Verkaufszeit	kaum verkäuflich
Verpfändete Zusatz-sicherheiten[3]	über 40%	20–40%	bis 20%	keine
Zinssatz bzw. Zinszuschlag in %-Punkten	Prime Rate[4]	Prime Rate[4] +1/8% bis +1/4%	Prime Rate[4] +1/4% bis +1/2%	Prime Rate[4] +1/2% bis +3/4%

Anmerkung: Kriterien, Gewichtung und Auswirkung auf Zinssatz je nach Bank unterschiedlich.

1 Hypothekarsumme im Verhältnis zum Liegenschaftswert
2 Eigenheimkosten (Zinsen, Amortisation, Nebenkosten) in Prozent des anrechenbaren Einkommens
3 In Prozent der Hypothekarsumme (z.B. Wertschriftendepot, Lebensversicherungen, Pensionskassen- bzw. Säule-3a-Guthaben)
4 Bestmöglicher Zinssatz der Bank

teilen ihm schlussendlich eine individuelle Note (so genanntes «Rating») zu. Das führt dazu, dass der Nachbar in der gleichen Überbauung bei ein und derselben Bank unter Umständen unterschiedliche Zinskonditionen erhält.

Der bestmögliche Zinssatz – die so genannte «Prime Rate» – bleibt Kreditnehmern mit ausgezeichnetem Rating vorbehalten. Wer nicht überall die Höchstnote erreicht, muss mit einem Zinszuschlag rechnen. Für den Kunden ist es daher entscheidend zu wissen, nach welchen Kriterien die Bank ihr Ratingurteil fällt. Nur so kann er sein persönliches Rating günstig beeinflussen.

Kriterium Belehnung

Eine wichtige Rolle für die Rating-Einstufung spielt die Belehnung, also das Verhältnis zwischen der Höhe der Hypothek und dem von der Bank ermittelten Wert der Liegenschaft. Je tiefer die Verschuldung, desto geringer ist auch das Kreditausfallrisiko der Bank, falls der Kreditnehmer seinen Zahlungsverpflichtungen nicht mehr nachkommen kann. Die exakte Bestimmung des Liegenschaftswerts gestaltet sich in der Praxis aber schwierig. Oft klaffen die Vorstellungen der Bank und diejenigen des Eigentümers weit auseinander. Einerseits sind die Banken nach den grossen Immobilienverlusten der Neunzigerjahre eher auf der vorsichtigeren Seite, um sich auch im Falle einer neuerlichen Krise schadlos zu halten. Andererseits tendieren die Hausbesitzer dazu, den Zustand oder die Lage ihrer Liegenschaft eher über den effektiven Verhältnissen einzustufen. Die Banken bedienen sich daher professioneller Schätzmethoden.

Unterschiedliche Bewertungsmethoden

Liegenschaftenschätzungen wurden früher ausschliesslich durch Sachverständige (meist Architekten) und vor Ort durchgeführt. Bei dieser Art der Bewertung haben aber häufig persönliche Faktoren – etwa Vorlieben des Schätzers für gewisse Bau-

Steuern

Belehnung

Pensionskasse

Amortisation

Hypothekarmodelle

Ratingoptimierung

Zinsstrategien

Hypothekaranbieter

Versicherung

Planungshilfen

stile oder unterschiedliche Grundlagen für Wohnflächenberechnungen und Gebäudezustand – einen grossen Einfluss auf das Schätz-Ergebnis. Weil die Banken verständlicherweise wollen, dass sämtliche von ihr finanzierten Objekte nach einheitlichen Ansätzen bewertet werden, arbeiten heute praktisch alle grösseren Banken mit standardisierten und computerisierten Bewertungssystemen (so genannte «hedonistische» Bewertungsmethode).

Der grosse Unterschied zu herkömmlichen Bewertungsmethoden liegt darin, dass Computer-Schätzungen nicht auf den Anlagekosten (Landpreis, Objekterstellungskosten) basieren, sondern auf tatsächlich erzielten Marktpreisen für ähnliche Objekte. Anbieter solcher Schätzungen greifen dabei auf umfassende Datenbanken zurück, in denen sie laufend Verkaufstransaktionen speichern, die effektiv stattgefunden haben. Einfach ausgedrückt funktioniert die Methode so: Ein 4-Zimmer-Einfamilienhaus an der Bahnhofstrasse in Beispielhausen wechselt für 400'000 Franken den Eigentümer, ein ähnliches 6-Zimmer-Haus für 600'000 Franken. Geht es nun darum, ein vergleichbares 5-Zimmer-Einfamilienhaus an gleicher Lage zu bewerten, liegt es nahe, dass der Marktwert dieser Liegenschaft bei 500'000 Franken liegt. Selbstverständlich stützt man sich dabei nicht nur auf die Anzahl Zimmer ab, sondern auf eine Vielzahl weiterer Parameter wie zum Beispiel Grundstücks- bzw. Wohnfläche, Raumvolumen, Alter, Lage, Attraktivität der Gemeinde usw.

Günstiger – aber kaum weniger präzise

Ein weiterer Vorteil der hedonistischen Methode: Während herkömmliche Vor-Ort-Schätzungen in der Regel kaum auf unter 800 Franken zu stehen kommen, kosten Computer-Schätzungen den Liegenschaftsbesitzer lediglich zwischen 100 Franken und 500 Franken. Banken zahlen für die Nutzung dieser Datenbanken sogar noch weniger. Trotz des günstigeren

Preises sind Computer-Schätzungen in der Regel aber kaum weniger präzise. Der Nachteil zeigt sich jedoch bei Spezialobjekten. Weil nur wenige solcher Objekte die Hand wechseln, fehlt häufig eine ausreichende Datenbasis. Das betrifft zum Beispiel grössere Eigentumswohnungen mit mehr als sieben Zimmern, ältere Objekte mit grossem Renovationsbedarf oder besonders teure Liegenschaften wie Villen oder Häuser in Regionen, in denen es nur sehr wenige Referenzobjekte gibt. Den tatsächlichen Wert solcher Objekte geben herkömmliche Vor-Ort-Schätzungen weitaus genauer wieder.

Kriterium Tragbarkeit

Der Liegenschaftswert ist auch der Ausgangswert für eine andere wichtige Kennzahl, die die Bank für die Rating-Einstufung heranzieht: die Tragbarkeit. Ausgehend vom Bankschätzwert wird nämlich die finanzielle Belastung aus dem Eigenheimbesitz berechnet. Neben den Hypothekarzinsen werden dazu die Nebenkosten sowie die Amortisationsverpflichtungen miteinbezogen. Die so errechneten Kosten dürfen im Normalfall höchstens ein Drittel des Bruttoeinkommens ausmachen. Sonst wird die Bank den Kredit ablehnen oder zusätzliche Eigenmittel bzw. Sicherheiten verlangen. Je tiefer hingegen die Belastung im Verhältnis zum Einkommen, desto positiver wirkt sich dies auf das persönliche Kreditrating aus. Bei der Tragbarkeitsberechnung der Bank gilt es jedoch ein paar Besonderheiten zu beachten. So sind beispielsweise gerade bei jungen Ehepaaren nicht alle Banken bereit, das Einkommen der Frau mit einzubeziehen. Sie rechnen damit, dass dieses Einkommen nach der Geburt von Kindern wegfallen könnte. Sind keine Kinder geplant, sollte man dies der Bank deshalb mitteilen. Bei den Hypothekarzinsen kalkulieren die Banken nicht mit den aktuell tiefen Zinssätzen, sondern mit langfristigen Durchschnittswerten. Für die erste Hypothek setzen sie in der Regel einen Zinssatz von 4,5 Prozent bis 5 Prozent ein,

Steuern

Belehnung

Pensionskasse

Amortisation

Hypothekarmodelle

Ratingoptimierung

Zinsstrategien

Hypothekaranbieter

Versicherung

Planungshilfen

für die Zweithypothek einen Zuschlag von 1 Prozentpunkt. Grund: Die Tragbarkeit muss auch bei höheren Zinsen gewährleistet sein. Die Zweithypothek sowie eine allfällige Zusatzhypothek, die durch Pensionskassengelder sichergestellt ist, müssen in der Regel innert 20 bis 25 Jahren, spätestens aber bis zum Pensionierungsalter, amortisiert sein. Bei den Nebenkosten variieren die eingesetzten Kosten je nach Bank zwischen 0,7 Prozent und 1 Prozent des Liegenschaftswertes.

Weitere Kriterien Bei den Ratingüberlegungen ziehen die Banken oft auch weitere Kriterien hinzu. Gilt der Job des Kreditnehmers als sicher, und wie ist die weitere berufliche Entwicklung zu beurteilen? Ist der Lebensstil eher sparsam oder verschwenderisch? Wurde er jemals betrieben? Ebenfalls zur Verbesserung des Kreditratings und damit des persönlichen Zinssatzes tragen Zusatzsicherheiten bei, die der Bank verpfändet werden können – beispielsweise ein bestehendes Wertschriftendepot, Lebensversicherungen, Säule-3a- oder Pensionskassenguthaben oder andere Vermögenswerte.

Gespräch lohnt sich häufig! Nicht nur Neuerwerber, sondern auch bestehende Hypothekarkredite stufen die Banken alle paar Jahre neu ein. Eine Neubeurteilung erfolgt spätestens, wenn ein Eigenheimbesitzer das Hypothekarmodell wechseln will – zum Beispiel von einer variablen in eine Festhypothek –, oder wenn beispielsweise eine Festhypothek erneuert bzw. verlängert werden soll. Es lohnt sich aber unter Umständen, bereits vor einem solchen Modellwechsel oder Kreditablauf das Gespräch mit der Bank zu suchen und den Kundenberater um eine Neubeurteilung zu bitten. Kann man glaubhaft darlegen, dass sich seit der letzten Kreditprüfung wichtige Kriterien zu seinen Gunsten verändert haben, resultiert häufig ein günstigerer Hypothekarzins als bisher. Unbedingt bei der Bank anklopfen sollte beispielsweise, wer seit der letzten Kreditbeurteilung erheblich mehr verdient. Vielleicht hat sich seither aber auch die familiäre Situation verändert – zum Beispiel wenn die Kinder mittlerweile selbstständig sind und die Ehefrau wieder arbeiten oder ihr bisheriges Arbeitspensum erhöhen kann. In die Waagschale werfen lassen sich bei Verhandlungen mit der Bank auch grössere Zusatzgeschäfte, die man ihr anbieten kann: zum Beispiel ein Vermögensverwaltungsauftrag oder Börsengeschäfte. Lohnenswert ist das Gespräch mit der Bank in jedem Fall, wenn sich mit einer neuen Schätzung oder dem Nachweis, dass wertvermehrende Investitionen getätigt wurden, belegen lässt, dass der Wert der Liegenschaft seit der letzten Beurteilung erheblich gestiegen ist. Durch die tiefere Belehnung ergibt sich vielfach ein besseres Rating und damit ein tieferer Zins. Denkbar ist auch der Fall, dass das Kreditinstitut aufgrund eines gestiegenen Marktwertes auf die bisherige Aufteilung in eine erste und eine zweite Hypothek verzichtet und neu den gesamten Hypothekarbetrag zu den günstigeren Konditionen einer Ersthypothek gewährt. Zeigt sich das Kreditinstitut bei den Verhandlungsgesprächen unnachgiebig, bleibt immer noch die Möglichkeit, bei der Konkurrenz anzuklopfen. Gut möglich, dass

---

☞ Hinweis

Wer auf einfache und kostengünstige Art herausfinden will, ob der Marktwert seiner Liegenschaft gestiegen ist, kann via www.vzonline.ch eine Schätzung nach der hedonistischen Methode durchführen lassen. Die Schätzung wird vom Informations- und Ausbildungszentrum für Immobilien (IAZI) in Bülach, ein erfahrener Anbieter solcher Schätzungen, erstellt. Kostenpunkt: Bei online-Bestellung und Bezahlung gegen Kreditkarte 290 Franken, gegen Rechnung 344 Franken. Bei telefonischer Bestellung kostet die Schätzung ebenfalls 344 Franken (Fragebogen anfordern unter 01 207 27 27, VZ Zürich).

Steuern

Belehnung

Pensionskasse

Amortisation

Hypothekarmodelle

Ratingoptimierung

Zinsstrategien

Hypothekaranbieter

Versicherung

Planungshilfen

eine andere Bank zu einem besseren Urteil gelangt. Die Konkurrenz unter den Banken spielt heute mehr denn je – und das sollte man sich unbedingt zunutze machen.

Beispiel für eine Ratingoptimierung

Wie sehr sich ein Gespräch mit der Bank lohnen kann, zeigt etwa folgendes Beispiel. Das Ehepaar Muster hat vor rund sieben Jahren ein Haus für 800'000 Franken gekauft und bei der Bank XY eine Hypothek aufgenommen. Damals war die Tragbarkeit knapp gewährleistet. Herr Muster hat in der Zwischenzeit jedoch einen Karrieresprung hinter sich und verdient heute wesentlich besser. Die Kinder sind inzwischen weitgehend selbstständig; Frau Muster konnte deshalb kürzlich ihr Arbeitspensum von 50 auf 80 Prozent erhöhen. Von seinem kürzlich verstorbenen Vater hat Herr Muster ein Wertschriftendepot von rund 250'000 Franken geerbt. Die finanziellen Verhältnisse der Familie haben sich seit der Kreditgewährung somit stark verbessert. Musters sind deshalb überzeugt, bei der Bank bessere Zinskonditionen aushandeln zu können. Sie vereinbaren einen Gesprächstermin. Damit sie für das Gespräch gut gerüstet sind, lassen sie vorgängig ihr Haus neu schätzen. Die Schätzung ergibt einen um 60'000 Franken höheren Wert als die seinerzeitige Einschätzung der Bank anlässlich der Kreditgewährung.

Nachdem sie ihren Berater mit der neuen Situation konfrontiert haben, anerkennt die Bank nach interner Prüfung den höheren Wert der Liegenschaft. Damit ergibt sich folgende Neuaufteilung der Hypothekenstruktur: Neu wird der Anteil der günstigeren Ersthypothek von 520'000 Franken auf 560'000 Franken erhöht. Weil Herr Muster zudem bereit ist, sein Pensionskassenkapital zu verpfänden, fällt die teure Zweithypothek weg. Dafür erhalten Musters eine Zusatzhypothek, für die sie den gleichen Zins wie für ihre Ersthypothek zahlen. Durch den Wegfall der Zweithypothek gelingt es der Familie

Beispiel für eine Ratingoptimierung

Angaben in Fr.

	Situation alt	Situation neu	Bemerkungen zu neuer Situation
Eckwerte:			
Verkehrswert	800'000	860'000	Wertsteigerung (neue Schätzung)
Bruttoeinkommen:			
• Mann	120'000	150'000	Lohnerhöhung
• Frau	25'000	50'000	Erhöhung des Arbeitspensums
Total Bruttoeinkommen	145'000	200'000	
Finanzierung:			
1. Hypothek	520'000	560'000	Neuaufteilung (höhere Schätzung)
2. Hypothek	120'000	–	Ersatz durch Zusatz-Hypothek
Zusatz-Hypothek	–	80'000	(gegen Verpfändung PK-Guthaben)
Total Hypotheken	640'000	640'000	
Kosten pro Jahr:			
Zinsen 1. Hypothek[1]	26'000	27'950	
Zinsen 2. Hypothek[1]	7'200	–	Wegfall, da keine 2. Hypothek mehr
Zinsen Zusatz-Hypothek[2]	–	4'000	
Nebenkosten[3]	8'000	8'600	
Amortisation	6'000	4'000	Reduktion Amortisationszahlungen aufgrund Wegfall 2. Hypothek
Total Kosten	**47'200**	**44'550**	
Tragbarkeit[4]	**32,6%**	**23,3%**	

1 Kalkulatorischer Zinssatz der Bank bei der Tragbarkeitsberechnung; Annahme: 5% für Erst- und 6% für Zweithypotheken
2 Annahme: Vorzugszinssatz analog Konditionen für eine Ersthypothek
3 1% des Verkehrswerts
4 Eigenheimkosten in Prozent des anrechenbaren Bruttoeinkommens

Steuern · Belehnung · Pensionskasse · Amortisation · Hypothekarmodelle · Ratingoptimierung · Zinsstrategien · Hypothekaranbieter · Versicherung · Planungshilfen

auch, tiefere Amortisationszahlungen auszuhandeln. Die Tragbarkeit verbessert sich aufgrund dieser Neuordnung erheblich. Herr Muster signalisiert zudem seine Bereitschaft, sein geerbtes Wertschriftendepot zu seiner Hypothekarbank zu transferieren und ihr dieses als Zusatzsicherheit für die Hypothek zu verpfänden. Da ein beträchtlicher Teil des Depots aus Aktien besteht und damit hohen Kursschwankungen unterliegt, rechnet die Bank lediglich 50 Prozent des Depotwerts als Sicherheit an.

Dennoch lässt sich mit dieser Massnahme das Kreditrating des Kunden weiter verbessern. Fazit der Verhandlung: Die Bank revidiert ihr Urteil und gewährt dem Kunden neu den bestmöglichen Zinssatz. Der Aufwand hat sich für Musters also gelohnt. Sie zahlen der Bank ab sofort ein halbes Prozent weniger Hypothekarzins pro Jahr. Hätte Herr Muster bei seiner Bank auf Granit gebissen, wäre er fest entschlossen gewesen, auch bei anderen Banken Offerten einzuholen.

Vorsicht!

Der Gang zur Bank kann sich in manchen Fällen auch als Nachteil herausstellen. Etwa dann, wenn sich wesentliche Ratingkriterien seit der letzten Kreditprüfung verschlechtert haben. Objekte beispielsweise, die in der Phase des Immobilienbooms Ende der Achtziger- bzw. Anfang der Neunzigerjahre gekauft wurden, könnte die Bank heute unter Umständen tiefer einschätzen. Angesichts des geringeren Verkehrswerts würde die Bank den Anteil der Ersthypothek reduzieren und im Gegenzug die Zweithypothek erhöhen. Die Folge wäre nicht nur ein insgesamt höherer Zins; gleichzeitig könnte die Bank den Kreditnehmer auch noch zu höheren Amortisationsraten verpflichten.

Kapitel 7

Was ist die beste Hypothekarstrategie?

Steuern

Beleh-
nung

Pensions-
kasse

Amorti-
sation

Hypo-
thekar-
modelle

Rating-
optimie-
rung

Zins-
strategien

Hypo-
thekar-
anbieter

Ver-
sicherung

Planungs-
hilfen

Was ist die beste Hypothekarstrategie?

Die Hypothekarstrategie ist mit entscheidend dafür, wie viel Zinsen man in den nächsten Jahren bezahlt. Ist etwa im Moment der Abschluss einer Festhypothek empfehlenswert, weil die Zinsen vermutlich eher steigen werden? Oder soll man mit einer variablen oder einer Libor-Hypothek auf sinkende Zinsen spekulieren?

Risiko einer falschen Strategie Die Auswirkungen einer falschen Strategie sind fatal. Wer beispielsweise von Anfang 1993 bis Ende 2002 konsequent auf eine Strategie mit 5-Jahres-Festhypotheken setzte, zahlte in diesen zehn Jahren insgesamt 275'500 Franken Zinsen. Für eine Libor-Hypothek ohne Zinsabsicherung beliefen sich die Zinskosten im gleichen Zeitraum auf total 201'100 Franken und für eine variable Hypothek auf 230'000 Franken. Die Strategie «Festhypothek» erwies sich also in diesem Zeitraum alles andere als vorteilhaft, denn Libor-Hypotheken wären insgesamt fast 75'000 Franken günstiger gekommen. Obwohl fünfjährige Festhypotheken anfangs 1993 6,8 Prozent kosteten, haben sich damals nicht wenige für diese Variante entschieden. Denn in der Hochzinsphase Anfang der Neunzigerjahre lag der Preis für solche Hypotheken noch bei rekordverdächtigen 9,5 Prozent. Dieses Beispiel macht deutlich: Mit der Wahl der richtigen Strategie bzw. Hypothekarmodells lassen sich Tausende von Franken sparen.

Zinsentwicklung massgebend Ob sich ein Modell als günstig erweist, weiss der Eigentümer immer erst im Nachhinein. Im Mittelpunkt steht immer die Frage, wie sich die Zinsen in den kommenden Jahren entwickeln. Das Problem dabei: Zinsentwicklungen sind ähnlich schwer vorhersehbar wie etwa Währungsschwankungen oder Aktienkurse. Selbst die Zinsspezialisten der Banken beissen sich daran immer wieder die Zähne aus. Nicht selten liegen sie mit ihren Prognosen völlig daneben. So waren beispielsweise noch Mitte 2002 etliche Bankspezialisten der Meinung, nach einer längeren Periode fallender Zinsen stehe eine Trendumkehr kurz bevor. Bis zum Jahresende prognostizierten sie einen Zinsanstieg um rund 0,5 Prozent. Eingetreten ist aber genau das Gegenteil. Kurze Zeit später senkte die Schweizer Nationalbank ihr kurzfristiges Zinsband nochmals um ein halbes Prozent. Die Zinsen für variable Hypotheken fielen daraufhin auf einen historischen Tiefstand von rund 3,25 bis 3,5 Prozent. Pech hatte somit, wer sich aufgrund diverser Empfehlungen bereits Mitte 2002 für den Abschluss einer fünfjährigen Festhypothek entschloss. Ein paar Monate später hätte man die gleiche Hypothek um einen Dreiviertel-Prozentpunkt günstiger haben können.

Verschiedene Szenarien berechnen

Zu einem fundierten Entscheid gelangt am besten, wer die möglichen Strategien bei unterschiedlichen Zinsszenarien durchrechnet. Je nach Annahme, wie sich die Zinsen in Zu-

Steuern

Belehnung

Pensionskasse

Amortisation

Hypothekarmodelle

Ratingoptimierung

Zinsstrategien

Hypothekaranbieter

Versicherung

Planungshilfen

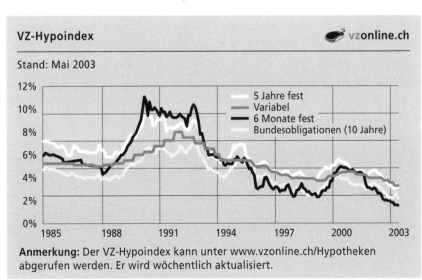

VZ-Hypoindex   vzonline.ch

Stand: Mai 2003

5 Jahre fest
Variabel
6 Monate fest
Bundesobligationen (10 Jahre)

Anmerkung: Der VZ-Hypoindex kann unter www.vzonline.ch/Hypotheken abgerufen werden. Er wird wöchentlich aktualisiert.

kunft am ehesten entwickeln könnten, kristallisiert sich das eine oder andere Modell als Favorit heraus. Ein Beispiel: Ein Eigenheimbesitzer rechnet im tiefen Zinsumfeld im April 2003 nicht damit, dass die Hypothekarzinsen noch weiter fallen. Bestenfalls bleiben sie für die nächsten fünf Jahre plus/minus konstant. Andernfalls steigen sie leicht oder womöglich stark. Falls die Zinsen stark steigen, schneidet die Festhypothek am besten ab, die aktuell mit einer Laufzeit von fünf Jahren für 3,25 Prozent zu haben wäre. Mit einem Durchschnittszins von 4,16 Prozent pro Jahr die zweitgünstigste Lösung wäre in diesem Fall eine Libor-Hypothek mit einem Zinsdach bei 5 Prozent. Am teuersten: die variable Hypothek und die Libor-Hypothek ohne Zinsabsicherung mit durchschnittlich 5,1 Prozent bzw. 5 Prozent. Steigen die Zinsen hingegen stetig, aber nur in kleinen Schritten, wäre die Libor-Hypothek ohne kostenpflichtiges Zinsdach die günstigste Finanzierungsvariante. Bei diesem Szenario wiederum am teuersten wäre die variable Hypothek, die durchschnittlich fast ein Prozentpunkt teurer zu stehen käme als die Libor-Hypothek. Bewegen sich die Zinsen in moderaten Schritten auf und ab und bleiben damit über die nächsten Jahre im Schnitt etwa konstant, wäre man mit Libor-Hypotheken mit Abstand am besten bedient. Variable und Festhypotheken kämen bei diesem Szenario rund 1,5 Prozentpunkt teurer. Fazit: Die variable Hypothek wäre bei allen vermeintlichen Szenarien die schlechteste Wahl. Deutlich interessanter wären Libor- und fünfjährige Festhypotheken.

Aufteilung empfehlenswert

Wie das Beispiel zeigt, lässt sich mit der Wahl des richtigen Hypothekarmodells bzw. der richtigen Hypothekarstrategie viel Geld sparen. Doch wer weiss schon mit Sicherheit, wie sich die Zinsen in den nächsten Jahren entwickeln werden? Die richtige Strategie kann deshalb nur lauten: Nicht alles auf eine Karte bzw. den gesamten Hypothekarbetrag auf ein einziges

Vergleich verschiedener Hypotheken bei unterschiedlichen Zinsverläufen

Annahme: Jeweils lineare Veränderung des Zinsniveaus

Szenario mit stark steigenden Zinsen

Jahr	Zinsent-wicklung	Libor ohne Cap[1]	5 Jahre fest	Variable Hypothek	Libor mit Cap[2]
1	+2,0%	1,60%	3,25%	3,25%	1,90%
2	+1,5%	3,60%	3,25%	4,25%	3,90%
3	+1,5%	5,10%	3,25%	5,00%	5,00%
4	+1,5%	6,60%	3,25%	6,00%	5,00%
5		8,10%	3,25%	7,00%	5,00%
Ø		5,00%	3,25%	5,10%	4,16%

Szenario mit leicht steigenden Zinsen

Jahr	Zinsent-wicklung	Libor ohne Cap[1]	5 Jahre fest	Variable Hypothek	Libor mit Cap[2]
1	+1,0%	1,60%	3,25%	3,25%	1,90%
2	+0,5%	2,60%	3,25%	3,75%	2,90%
3	+0,5%	3,10%	3,25%	4,00%	3,40%
4	+0,5%	3,60%	3,25%	4,25%	3,90%
5		4,10%	3,25%	4,50%	4,50%
Ø		3,00%	3,25%	3,95%	3,32%

Szenario plus/minus konstante Zinsen

Jahr	Zinsent-wicklung	Libor ohne Cap[1]	5 Jahre fest	Variable Hypothek	Libor mit Cap[2]
1	+0,50%	1,60%	3,25%	3,25%	1,90%
2	−0,75%	2,10%	3,25%	3,50%	2,40%
3	+0,75%	1,35%	3,25%	3,13%	1,65%
4	−0,50%	2,10%	3,25%	3,50%	2,40%
5		1,60%	3,25%	3,25%	1,90%
Ø		1,75%	3,25%	3,33%	2,05%

1 Annahme: Libor-Zinssatz inkl. Bank-Marge von 1,25% für gute Schuldnerbonität
2 Annahme: Libor-Zinssatz inkl. Bank-Marge von 1,25% für gute Schuldnerbonität, plus Kosten für Zinsabsicherung von 0,3% pro Jahr

Steuern

Belehnung

Pensionskasse

Amortisation

Hypothekarmodelle

Ratingoptimierung

Zinsstrategien

Hypothekaranbieter

Versicherung

Planungshilfen

Hypothekarmodell setzen. Ausser man ist sich über die künftige Zinsentwicklung absolut sicher und geht das Risiko ein, dass man mit seiner Wahl auch komplett daneben liegen könnte.

Eine Aufteilung der Hypothekarsumme auf verschiedene Modelle bzw. Laufzeiten hat noch einen weiteren Vorteil: Wer zum Beispiel für den gesamten Betrag eine Festhypothek auf fünf Jahre abschliesst, läuft Gefahr, dass die gesamte Hypothek genau in einer Phase hoher Zinsen fällig wird und die Zinszahlungen in einem solchen Fall plötzlich zu einer untragbaren Last werden könnten. Diese Gefahr lässt sich ausschalten, indem man beispielsweise lediglich für die Hälfte des gesamten Hypothekarbetrags eine Festhypothek abschliesst und mit dem Rest auf eine Libor-Hypothek oder eine Festhypothek mit kürzerer oder längerer Laufzeit setzt.

Wichtig: Pro Modell setzen die meisten Banken eine Mindesttranche von 100'000 Franken voraus. Für Hypothekarsummen von unter 200'000 Franken ist die Aufteilung in verschiedene Modelle also in der Regel nicht möglich. Wer dennoch sein Risiko diversifizieren will, sollte eine Mix-Hypothek (Erklärung auf Seite 57) wählen. Hier wird der Hypothekarbetrag automatisch in verschiedene Modelle aufgeteilt. Allerdings sehen einige Banken auch für Mix-Hypotheken minimale Beträge vor. Bei der Credit Suisse beispielsweise betrug im April 2003 die Mindestsumme für eine Mix-Hypothek 200'000 Franken.

Kapitel 8

Wie finde ich den günstigsten Anbieter?

Steuern

Beleh-
nung

Pensions-
kasse

Amorti-
sation

Hypo-
thekar-
modelle

Rating-
optimie-
rung

Zins-
strategien

Hypo-
thekar-
anbieter

Ver-
sicherung

Planungs-
hilfen

Wie finde ich den günstigsten Anbieter?

In den beiden vorhergehenden Kapiteln wurde aufgezeigt, wie sich die Hypothekarzinsen mittels einer Verbesserung des Kreditratings und der Wahl einer geeigneten Strategie senken lassen. Die Praxis zeigt, dass allein mit diesen beiden Massnahmen häufig bis zu 2,5 Prozentpunkten pro Jahr beim Hypozins eingespart werden können. Weiterer Spielraum zur Optimierung besteht in der Auswahl des günstigsten Anbieters, der die festgelegte Hypothekarstrategie auch umsetzen kann bzw. über die entsprechenden Produkte verfügt.

Die drei Schritte zur Optimierung der Hypothekarbelastung

	Rating	Strategie	Anbieter
Beschrieb:	• Belehnungs- höhe • Verkehrswert • Zusatz- sicherheiten	• Wahl des Hypothekar- modells bzw. Modellmixes	• Wahl des günstigsten Anbieters
Sparpotenzial (in Prozent- punkten):	1/4% bis 1/2%	bis 2%	1/4% bis 1/2%

Wer bietet Hypotheken an?

Nicht alle Banken finanzieren Objekte in der ganzen Schweiz. Zu den gesamtschweizerischen Anbietern gehören vor allem die beiden Grossbanken UBS und Credit Suisse. Kantonal- und Regionalbanken hingegen beschränken ihre Geschäftstätigkeit häufig auf ihr Einzugsgebiet. Bei den Kantonalbanken gehören dazu in der Regel auch Gebiete der angrenzenden Kantone. So finanziert zum Beispiel die Zürcher Kantonalbank auch Objekte in den Kantonen Aargau, Schaffhausen, Thurgau, Schwyz und Zug. Massgebend ist immer, wie gut sich die betreffende Bank mit den regionalen Gegebenheiten (Preisniveau, Lage usw.) auskennt.

Auch etliche Lebensversicherungsgesellschaften bieten Hypotheken an. Im Vergleich zu den Grossbanken und grösseren Regional- und Kantonalbanken beschränkt sich ihr Angebot aber auf variable und Festhypotheken. Zudem sind Lebensversicherer bei der Auswahl der Kreditnehmer sehr selektiv. Sie bewerten Liegenschaften in der Regel sehr viel strenger als Banken (das heisst: oftmals unter ihrem effektiven Wert) und finanzieren davon häufig lediglich zwischen 60 und 70 Prozent. Hinzu kommt, dass sie nur für bestehende Liegenschaften Hypotheken gewähren und somit für Leute, die eine Baufinanzierung benötigen, nicht in Frage kommen. Erwünscht bzw. verlangt werden in der Regel auch Gegengeschäfte wie der Wechsel des gesamten Versicherungsportefeuilles zum jeweiligen Anbieter oder der Abschluss einer Lebensversicherung als indirekte Amortisationspolice. Welche Nachteile diese Policen jedoch mit sich bringen, wird im Kapitel «Amortisation» auf den Seiten 44 bis 46 erwähnt.

Zu den Nischenanbietern gehören auch die Pensionskassen. Versicherte gelangen hier oft zu günstigen Konditionen an eine Hypothek. Das Angebot besteht aber meist nur aus Hypotheken mit variablem Zinssatz. Und Belehnungen über 80 Prozent sind eher selten anzutreffen. Hinzu kommt: Wer den Arbeitgeber und damit die Pensionskasse wechselt, muss sich in der Regel auch einen neuen Kreditgeber suchen.

Neu: günstigere Hypotheken dank Aufgabenteilung

Das Hypothekargeschäft besteht aus drei Komponenten. Jemand gibt das Kapital für die Hypothek und trägt das Kreditausfallrisiko (so genannter «Risk Carrier»), jemand verwaltet die Hypothek (Servicer) und jemand akquiriert bzw. betreut den Kreditnehmer (Originator). In der Schweiz haben die

Steuern

Belehnung

Pensionskasse

Amortisation

Hypothekarmodelle

Ratingoptimierung

Zinsstrategien

Hypothekaranbieter

Versicherung

Planungshilfen

Banken bisher alle drei Komponenten selber wahrgenommen. Der Trend aber geht ganz klar in Richtung einer Aufteilung dieser einzelnen Aufgaben. Ein gutes Beispiel dafür ist die Hypothek des Schweizerischen Hauseigentümerverbandes (HEV Schweiz), die seit Sommer 2002 angeboten wird. Der Hauseigentümerverband ist lediglich für die Kundengewinnung zuständig. Die Verwaltung der HEV-Hypotheken hingegen hat der HEV Schweiz an die HypothekenZentrum AG, eine spezialisierte Tochtergesellschaft des VZ Vermögens-Zentrum, delegiert. Geldgeber bzw. Käufer der HEV-Hypothek (Risk Carrier) sind Finanzinstitute mit günstigem Zugang zum Geld- und Kapitalmarkt. Das Resultat dieser Aufteilung der klassischen Wertschöpfungskette bei Hypotheken: Dank einem Verzicht auf ein teures Bankfilialnetz (Kunden von HEV-Hypotheken werden ausschliesslich über die Verbandszeitung des HEV Schweiz gewonnen), einem Servicer, der zentral und stark computergestützt arbeitet, sowie dank günstigen

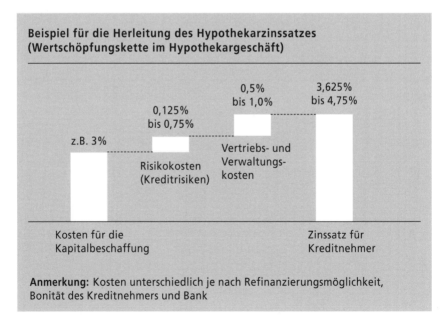

Beispiel für die Herleitung des Hypothekarzinssatzes (Wertschöpfungskette im Hypothekargeschäft)

z.B. 3%

0,125% bis 0,75%

Risikokosten (Kreditrisiken)

0,5% bis 1,0%

Vertriebs- und Verwaltungskosten

3,625% bis 4,75%

Kosten für die Kapitalbeschaffung

Zinssatz für Kreditnehmer

Anmerkung: Kosten unterschiedlich je nach Refinanzierungsmöglichkeit, Bonität des Kreditnehmers und Bank

Geldgebern erhält das HEV-Mitglied einen im Schnitt um 0,25 bis 0,35 Prozentpunkt tieferen Zinssatz als bei den Banken. Weitere Informationen zur HEV-Hypothek finden Interessierte unter www.hev-schweiz.ch oder www.hypothekenzentrum.ch.

Vergleichen lohnt sich immer!

Die einzelnen Kreditinstitute unterscheiden sich heute nicht nur in Bezug auf die angebotenen Hypothekarmodelle oder Belehnungsgrenzen. Auch bei den Konditionen sind grössere Unterschiede auszumachen (siehe Tabelle auf der nächsten Seite). Zwischen dem günstigsten und dem teuersten Anbieter liegen in der Regel zwischen einem halben, in seltenen Fällen – zum Beispiel wenn die Zinsen rasch ansteigen und noch nicht alle Anbieter ihre Hypothekarzinsen dem steigenden Zinsniveau angepasst haben – sogar bis zu einem ganzen Prozentpunkt. Zwar betonen die Banken immer wieder, dass es sich bei den publizierten Zinssätzen lediglich um Richtwerte handelt. Entscheidend für den effektiven Zinssatz ist, wie der einzelne Kreditnehmer und sein Objekt von der Bank beurteilt werden. Dennoch sind die publizierten Zinssätze hilfreich, wenn es darum geht, den Kreis der möglichen Anbieter einzuschränken. Vergleichen lohnt sich ohnehin. Denn ein Unterschied von nur schon einem Viertel Prozentpunkt macht, auf fünf Jahre und eine Hypothek über 500'000 Franken bezogen, bereits einen Mehrpreis von 6'250 Franken aus.

Vorsicht vor dem Kleingedruckten!

Eine Grossbank schreibt in ihrer Werbung, dass sie Erst-eigentümern einen grosszügigen Zinsrabatt von 0,5 Prozent gewähre. Erst im Kleingedruckten bemerkt der Interessierte, dass dieser Rabatt nur für die Hälfte der Hypothekarsumme und nur für die Hälfte der Laufzeit von insgesamt fünf Jahren gilt. Effektiv beträgt der Rabatt also nicht 0,5 Prozentpunkte pro Jahr, wie die Werbung zu suggerieren versucht, sondern, auf die

Steuern · Belehnung · Pensionskasse · Amortisation · Hypothekarmodelle · Ratingoptimierung · Zinsstrategien · Hypothekaranbieter · Versicherung · Planungshilfen

Angebotsvergleich   vzonline.ch

Stand 22.4.2003, Richtsätze für eine Belehnung von 80%, Aufpreis für den
Anteil der 2.-Hypothek miteingerechnet; Angaben in % pro Jahr

	Variabel	3 Jahre fest	5 Jahre fest
Aargauer Kantonalbank	3,438	3,063	3,563
Allianz Group Schweiz	3,688	3,038	3,688
Appenzeller Kantonalbank	3,344	2,844	3,344
Bâloise Bank SoBa	3,438	2,988	3,588
Bank Coop	3,438	3,088	3,638
Basellandschaftliche KB	3,375	2,875	3,500
Basler KB (BKB)	3,438	2,938	3,438
Berner KB	3,188	2,813	3,438
Credit Suisse (CS)	3,391	2,891	3,441
Generali	3,438	2,813	3,313
Glarner Kantonalbank	3,438	2,938	3,563
Graubündner KB (GKB)	3,438	3,063	3,438
Helvetia Patria	3,438	2,788	3,388
Hypothekarbank Lenzburg	3,344	2,844	3,469
Liechtensteinische Landesbank	3,141	2,641	3,266
Lienhardt & Partner AG	3,438	3,063	3,563
Luzerner Kantonalbank	3,391	2,891	3,441
Migrosbank	3,313	2,938	3,438
Neue Aargauer Bank (NAB)	3,438	2,938	3,563
Pax Leben	3,984	n.a.	n.a.
PK Alcan Schweiz	3,438	n.a.	n.a.
Raiffeisenbanken	3,438	2,938	3,563
Regiobank Solothurn	3,438	2,938	3,563
Rentenanstalt	3,438	3,023	3,518
Schwyzer Kantonalbank	3,438	2,938	3,563
St. Galler Kantonalbank	3,438	3,072	3,519
Tessiner Kantonalbank	3,344	n.a.	n.a.
Thurgauer Kantonalbank	3,391	2,891	3,391
UBS	3,938	2,938	3,538
Valiant Bank	3,438	3,063	n.a.
Winterthur Leben	3,344	2,734	3,222
Zuger Kantonalbank	3,438	2,991	3,478
Zürcher Kantonalbank (ZKB)	3,375	3,000	3,375
Zürich Versicherungen	3,188	2,563	2,938

Anmerkung: Die jeweils aktuell gültigen Richtsätze von über 40 Hypothekaranbietern finden Sie unter www.vzonline.ch.
n.a. = wird generell oder derzeit nicht angeboten

ganze Laufzeit und die ganze Hypothekarsumme bezogen, lediglich 0,125 Prozentpunkte. Kritische Kunden vermeiden es, in solch offensichtliche Werbefallen der Banken zu tappen.

**Umtriebs-
entschädigung**

Einige Kreditinstitute verlangen beim Vertragsabschluss eine Umtriebsentschädigung für die Prüfung des Kreditgesuchs und das Erstellen der Vertragsformalitäten. Immer häufiger der Fall ist das auch bei Vertragsänderungen – zum Beispiel bei der Umwandlung einer variablen in eine Festhypothek oder der Verlängerung einer Festhypothek. Solche Gebühren sind grundsätzlich zulässig, verteuern aber die Offerte und sollten deshalb beim Vergleich der Angebote miteinbezogen werden. Häufig lohnt es sich, mit der Bank über die Gebühren zu verhandeln. Fragwürdig sind vor allem Entschädigungen, die sich nach der Höhe der Hypothekarsumme richten. Schliesslich hat die Bank für die Gewährung einer 500'000-Franken-Hypothek gleich viel Arbeitsaufwand wie für einen Antrag, bei dem es um eine höhere Summe geht.

**Unterschiedliche
Zinsusanzen und
Zinstermine**

Gut tut man auch daran, sich vor einem Abschluss nach der angewandten Zinsberechnungsmethode (so genannte «Zinsusanz») zu erkundigen. Denn ein von mehreren Banken offerierter, identischer Zinssatz bedeutet nicht immer, dass die effektiven Zinszahlungen in Franken auch tatsächlich gleich hoch ausfallen. So ist beispielsweise entscheidend, mit welcher Zinsusanz die jeweilige Bank rechnet. Je nach Usanz werden unterschiedliche Formeln für die Zinsberechnung angewendet. Bei der internationalen Zinsusanz, die immer bei Libor-Hypotheken sowie von einigen Banken auch für variable und Festhypotheken verwendet wird, steht im Zähler der Formel die effektive Anzahl Tage eines Jahres, also 365 Tage (in einem Schaltjahr 366 Tage). Bei der schweizerischen und deutschen Zinsusanz stehen im Zähler nur 360 Tage. Hier zählt jeder

Steuern

Belehnung

Pensionskasse

Amortisation

Hypothekarmodelle

Ratingoptimierung

Zinsstrategien

Hypothekaranbieter

Versicherung

Planungshilfen

Monat, auch der Februar, genau 30 Tage. Ein von einer Bank deklarierter Hypothekarzins von 4 Prozent ergibt bei Verwendung der internationalen Zinsusanz also einen effektiven Jahreszins von 4,056 Prozent, mit der schweizerischen und der deutschen Methode sind es auch effektiv 4 Prozent. Das entspricht bei einer Hypothek über 500'000 Franken einer Differenz von rund 280 Franken pro Jahr. Welche Usanz im konkreten Fall gilt, steht im Hypothekarvertrag.

Gleicher Zinssatz – aber unterschiedliche Zinsbeträge

Berechnung des effektiven Jahreszinses bei unterschiedlichen Zinsunsanzen (Annahme: offerierter Zinssatz 4%)

Internationale Zinsusanz	Schweizerische Zinsusanz
$$\frac{365 \text{ Tage}^1 \times 4\%}{360 \text{ Tage}} = 4{,}056\%$$	$$\frac{360 \text{ Tage} \times 4\%}{360 \text{ Tage}} = 4\%$$

1 Anzahl effektiver Tage im Jahr (bei einem Schaltjahr 366 Tage)

Ein ähnlicher Effekt ergibt sich durch unterschiedliche Zinszahlungstermine. Praktisch alle Banken fordern ihre Zinsen heute viertel- statt wie früher üblich nur halb- oder gar einmal jährlich ein. Unterschiedliche Zahlungsmodalitäten müssen aber beim Vergleich der Anbieter miteinbezogen werden. Wer beispielsweise statt alle drei Monate der Bank nur halbjährlich den Zins überweisen muss, kann den aufgelaufenen Zinsbetrag theoretisch länger auf dem Sparkonto belassen. Bei tiefen Sparkontozinsen fallen die finanziellen Nachteile bei vierteljährlicher Zahlungsweise weniger ins Gewicht. Aber in einer Hochzinsphase mit Sparkontozinsen um die 5 Prozent verteuert sich der effektive Jahreszins dadurch um bis zu 0,125 Prozentpunkt.

In Deutschland sind solche Berechnungen des Nettozinses übrigens unnötig. Dort sind die Finanzinstitute nämlich von Gesetzes wegen verpflichtet, in ihren Offerten den effektiven Zins unter Berücksichtigung aller Zusatzkosten anzugeben. Bleibt zu hoffen, dass die steigende Angebotsvielfalt auch in der Schweiz in absehbarer Zeit zu einer solchen Preisanschreibepflicht führt.

Einheitshypotheken

Einzelne Kreditinstitute sind dazu übergegangen, anstelle eines Zinssatzes für die erste und zweite Hypothek einen Mischsatz für die gesamte Hypothekarsumme auszuweisen. Bei solchen Einheitshypotheken unterscheidet man zwei Typen:

• Bei der *unechten* Einheitshypothek erhält man zwar nur eine einzige Hypothek von 0 bis 80 Prozent des Immobilienwertes. Der Zinssatz wird jedoch nach dem bisherigen System berechnet – das heisst, mit einem Aufschlag für die zweite Hypothek, der in den Einheitszins eingerechnet wird.

• Die *echte* Einheitshypothek hingegen verzichtet auf die klassische Zinsaufteilung und enthält keinen Zuschlag für den Bereich über 65 Prozent Verschuldung. Möglich wird dies durch ein konsequentes und fortschrittliches Risikomanagement, bei dem nicht stur davon ausgegangen wird, dass der Anteil der zweiten Hypothek einem höheren Risiko unterliegt als der darunter liegende Hypothekenteil. Entscheidend ist vielmehr die Belehnungshöhe und die Tragbarkeit. Echte Einheitshypotheken bietet bis heute (Stand April 2003) lediglich der Schweizerische Hauseigentümerverband an. Einheitshypotheken sind hier sogar bis zu einer Belehnung von 100 Prozent möglich. Allerdings muss der Kreditnehmer dann Zusatzsicherheiten von mindestens 20 Prozent des Kaufpreises verpfänden, zum Beispiel ein Wertschriftendepot oder Vorsorgekapital der zweiten oder dritten Säule.

Steuern

Belehnung

Pensionskasse

Amortisation

Hypothekarmodelle

Ratingoptimierung

Zinsstrategien

Hypothekaranbieter

Versicherung

Planungshilfen

Bei einer klassischen Aufteilung in eine erste und eine zweite Hypothek sollte abgeklärt werden, wie hoch die Bank den Anteil der Ersthypothek festsetzt. Manche Banken gewähren bis zu 66 Prozent des Verkehrswerts zu Erstrangkonditionen, andere nur 65 Prozent.

Kündigungsfrist beachten!

Wer einen günstigeren Anbieter gefunden hat und aus einer bestehenden Hypothek aussteigen will, muss die Kündigungsfrist beachten. Eine variable Hypothek kann je nach Bank innerhalb von drei bis sechs Monaten gekündigt werden. Auch bei Festhypotheken verlangen einige Anbieter eine Kündigung auf den regulären Verfallstermin (drei bis sechs Monate, selten sogar bis zu einem Jahr *vor dem Fälligkeitstermin*). Wird nicht rechtzeitig gekündigt, wandelt die Bank die Festhypothek bei Ablauf in eine variable Hypothek um; es gelten dann die entsprechenden Kündigungsfristen einer variablen Hypothek. Schwieriger und oft (zu) teuer ist der vorzeitige Ausstieg aus einer Festhypothek (siehe Seiten 54/55). Wer eine Liborhypothek vor Ende des im Rahmenvertrag festgelegten Ablauftermines kündigen möchte, verliert in der Regel mindestens die für die Zinsabsicherung bezahlte Prämie und muss die administrativen Kosten der Bank übernehmen.

Wer hingegen lediglich in ein anderes Hypothekarmodell – nicht aber die Bank – wechseln will, kann in der Regel aushandeln, dass nicht die volle Kündigungsfrist abgesessen werden muss. Das gilt jedoch nur für variable und andere Hypotheken ohne feste Vertragsdauer.

Kapitel 9

Wie kann ich die Hypothek «versichern»?

Steuern

Beleh-
nung

Pensions-
kasse

Amorti-
sation

Hypo-
thekar-
modelle

Rating-
optimie-
rung

Zins-
strategien

Hypo-
thekar-
anbieter

Ver-
sicherung

Planungs-
hilfen

Wie kann ich die Hypothek «versichern»?

Hypothekarschulden können zu einem existenzbedrohenden
Klotz am Bein werden, wenn das Einkommen aus irgend-
welchen Gründen deutlich schrumpft und man die Amortisationsraten oder Hypothekarzinsen nicht mehr zu bezahlen
vermag. Solches Ungemach droht beispielsweise, wenn der
Kreditnehmer invalide wird oder stirbt. Oft reichen die Renten
der obligatorischen Versicherungen (AHV/IV, Pensionskasse,
betriebliche Unfallversicherung) nicht aus, damit die Familie
nach einem solchen Unglücksfall finanziell weiterhin über die
Runden kommt. Unter Umständen wird es für die Betroffenen
schwierig, die eigenen vier Wände halten zu können. Im
Extremfall droht der Zwangsverkauf der Liegenschaft. Gegen
die Folgen eines Unfalls sind die meisten Arbeitnehmer gut bis
sehr gut versichert. Gegen Tod und Invalidität infolge Krankheit hingegen müssen sich viele privat zusätzlich versichern.
Dabei muss man wissen: Durch eine Krankheit verursachte
Invaliditäts- und Todesfälle sind fast zehn Mal häufiger als un-
fallbedingte! Haus- und Hypothekenbesitzer sollten sich also
besonders um diesen Fall kümmern.

Risiko Invalidität Wer unfallbedingt nur vorübergehend oder dauernd am
Arbeitsplatz ausfällt, muss sich in der Regel wenig Gedanken
machen. Die gut ausgebaute obligatorische Unfallversicherung
des Arbeitgebers zahlt in einem solchen Fall mindestens 80
Prozent des bisherigen Lohns weiter. Das gilt jedoch nur bis zu
einer Lohngrenze von 106'800 Franken (Stand 2003). Lohn-
anteile, die diese gesetzliche Limite überschreiten, sind nicht
zwingend versichert.
Bei Krankheit zahlt die in der Regel vorhandene Kranken-
taggeldversicherung des Betriebs ebenfalls 80 Prozent. Ohne
betriebliche Versicherung muss der Arbeitnehmer damit rech-

nen, dass die Lohnzahlungen bei Krankheit nach wenigen Wochen eingestellt werden – je nachdem, wie lange der Betroffene bisher bei der Firma angestellt war. Im ersten Dienstjahr beispielsweise beträgt der gesetzliche Lohnanspruch lediglich drei Wochen. Wer sich danach nicht über Wasser halten kann, sollte eine private Taggeldversicherung bei einer Krankenkasse abschliessen.

Spätestens nach zwei Jahren versiegen jedoch die Taggelder der betrieblichen oder privaten Taggeldversicherung. Wer länger als ein Jahr arbeitsunfähig ist, hat dafür Anspruch auf Renten der staatlichen Invalidenversicherung (IV) und der Pensionskasse. Zusammen decken sie aber häufig lediglich zwischen 60 und 80 Prozent des Verdienstausfalls ab. Empfehlenswert ist deshalb der Abschluss einer privaten Invalidenrente bzw. Erwerbsunfähigkeitsversicherung.

Angebote vergleichen!

Was zum Beispiel eine Invalidenrente von monatlich 2'000 Franken für einen 35-jährigen Mann kostet, zeigt die Tabelle auf der nachfolgenden Seite. Beim Abschluss sollten Sie folgende Tipps beachten:

- Die Prämienunterschiede sind gross. Holen Sie deshalb mehrere Offerten ein.
- Berücksichtigen Sie nur Anbieter mit Prämiengarantie über die ganze Vertragsdauer. Ohne diese in den allgemeinen Vertragsbedingungen festgehaltene Zusage kann die Gesellschaft ihre Prämien in Zukunft beliebig erhöhen.
- In den Offerten der Gesellschaften ist von so genannten «Überschüssen» die Rede, die von der Prämie abgezogen werden. Überschüsse sind aber vom Geschäftsgang der Gesellschaft abhängig und stellen somit lediglich eine Prognose dar; sie sind also keinesfalls garantiert für die Zukunft. Meiden Sie Gesellschaften, die Ihnen vergleichsweise hohe Überschüsse in Aussicht stellen, die sie später vielleicht nicht einhalten können.

Steuern

Belehnung

Pensionskasse

Amortisation

Hypothekarmodelle

Ratingoptimierung

Zinsstrategien

Hypothekaranbieter

Versicherung

Planungshilfen

Vergleich von privaten Erwerbsunfähigkeits-versicherungen

 vzonline.ch

Prämie in Fr. für einen 35-jährigen Mann und eine Invalidenrente von 2'000 Fr. pro Monat bis Alter 65, Wartefrist 2 Jahre, inkl. Prämienbefreiung bei Erwerbsunfähigkeit

	Brutto-prämie	Netto-prämie[1] im 1. Jahr	Netto-prämie[1] ab 2. Jahr	Voraus-sichtliche Prämien-summe[2]	Prämien-garantie[3]
Allianz Suisse	1'481	1'275	1'275	22'929	nein
Basler	1'504	1'282	1'282	22'217	5 Jahre
Generali	1'426	1'283	1'283	22'234	ja
Helvetia Patria	1'497	1'497	1'270	23'066	nein
National[4]	1'463	1'159	1'159	20'085	nein
Pax	1'761	1'401	1'401	25'195	ja
Providentia[4]	1'381	1'093	1'093	19'656	ja
Raiffeisen	1'431	1'431	1'215	22'066	nein
Swiss Life	1'414	1'414	1'202	21'042	nein
Vaudoise	1'553	1'553	1'261	22'145	nein
Winterthur	2'003	1'644	1'592	26'815	ja
Zenith	2'055	2'055	2'055	36'955	ja
Zürich	1'560	1'466	1'466	26'365	ja

Wichtiger Hinweis: Die Prämien gelten per April 2003.
Einen Vergleich mit den jeweils aktuell gültigen Prämien finden Sie unter www.vzonline.ch im Menüpunkt «Lebensversicherungen».

1 Nach Abzug der nicht-garantierten Überschüsse
2 Total aller Nettoprämien während der ganzen Vertragsdauer (bis Alter 65), abdiskontiert mit 4%
3 Prämiengarantie bezieht sich auf Bruttoprämie
4 Prämie je nach Beruf unterschiedlich, Zuschläge zur abgebildeten Prämie also möglich

Auch bei Tod droht eine Einkommenslücke

Erdrückend könnte die Schuldenlast auf dem Haus auch werden, falls der Familienernährer stirbt. Zwar springen in einem solchen Fall häufig die staatliche Alters- und Hinterlassenenversicherung (AHV) sowie die Pensionskasse bzw. die berufliche Unfallversicherung ein und zahlen der Witwe eine Rente aus. Doch auch hier reichen die Renteneinkünfte häufig nicht aus, damit die Hinterbliebenen finanziell sorgenfrei leben und das Eigenheim halten können. Auch für diesen Fall lässt sich vorsorgen. Mit einer Todesfallrisiko-Versicherung erhalten

die Hinterbliebenen im Unglücksfall von der Gesellschaft eine
Summe ausbezahlt. Sinnvollerweise wird die Todesfallsumme
so festgelegt, dass damit die Hypothek auf ein tragbares Niveau
reduziert werden kann. Die meisten Banken verlangen den
Abschluss einer Todesfallrisiko-Police, mindestens im Umfang
der amortisationspflichtigen zweiten Hypothek.

Vergleich von Todesfallrisiko-Versicherungen mit konstantem Todesfallkapital

vzonline.ch

Prämie in Fr. für einen 35-jährigen Mann und ein über die ganze Laufzeit von
20 Jahren konstant hohes Todesfallkapital von 200'000 Fr., zahlbar bei Krank-
heits- und Unfalltod, inkl. Prämienbefreiung bei Erwerbsunfähigkeit

	Brutto-prämie	Netto-prämie[1] im 1. Jahr	Netto-prämie[1] ab 2. Jahr	Voraussichtliche Prämiensumme[2]
Allianz Suisse	770	659	659	9'310
Axa	996	996	704	10'245
Basler	869	698	698	9'865
Credit Suisse Life	2'003	891	738	10'436
Generali	1'230	589	589	8'325
Groupe Mutuel	1'026	1'026	835	11'987
Helvetia Patria	875	875	669	9'662
La Suisse	885	885	3	10'514
National	901	671	671	9'484
Pax	796	649	649	9'173
Postfinance	2'003	891	1'009	14'143
Providentia	790	632	632	8'933
Raiffeisen	810	810	613	8'861
Swiss Life	836	836	711	10'174
Vaudoise	1'014	1'014	806	10'887
Winterthur	2'003	891	739	10'436
Zenith	943	875	875	12'367
Zürich	764	721	721	10'191

Wichtiger Hinweis: Die Prämien gelten per April 2003.
Einen Vergleich mit den jeweils aktuell gültigen Prämien finden Sie unter
www.vzonline.ch im Menüpunkt «Lebensversicherungen».

1 Nach Abzug der nicht-garantierten Überschüsse
2 Total aller Nettoprämien während der ganzen Vertragsdauer, abdiskontiert mit 4%
3 Die Nettoprämie schwankt in den Folgejahren zwischen 568 Fr. und 817 Fr.

Steuern

Belehnung

Pensionskasse

Amortisation

Hypothekarmodelle

Ratingoptimierung

Zinsstrategien

Hypothekaranbieter

Versicherung

Planungshilfen

Tipps beim
Abschluss

Das sollten Sie beim Abschluss einer solchen Police beachten:

• Auch bei den Todesfallrisiko-Policen bestehen grosse Prämienunterschiede (siehe Vergleichstabelle auf Seite 91). Sie sollten daher mindestens drei Offerten einholen. Und auch hier gilt: Hinterfragen Sie die Höhe der prognostizierten Überschüsse gründlich.

• Etliche Gesellschaften bieten auch günstigere Versicherungsvarianten als die hier aufgeführten Prämien an. Dafür steigen die Prämien mit zunehmendem Alter an, was bei konventionellen Todesfallpolicen nicht der Fall ist. In den ersten Jahren nach dem Abschluss sind sie dafür wesentlich günstiger und damit besser dem in der Regel steigenden Einkommensverlauf des Versicherten angepasst. Auch junge Familien mit knappem Budget können durch die anfänglich tieferen Prämien einen ausreichenden Todesfallschutz versichern. Und: Günstige Todesfallversicherungen nach diesem Prinzip bieten auch einzelne Krankenkassen an (z.B. Helsana und Concordia).

• Rund um die Hälfte günstiger als Todesfall-Versicherungen mit konstant hoher Todesfallsumme sind auch solche mit jährlich abnehmender Deckung. Bei dieser Variante verringert sich die im Todesfall zur Auszahlung gelangende Summe jedes Jahr um einen gleichbleibenden Betrag, zum Beispiel bei einer Vertragsdauer von 20 Jahren jeweils um einen Zwanzigstel der Anfangssumme. Solche Policen eignen sich zum Beispiel, wenn die Hypothek regelmässig amortisiert wird.

• Wichtig: Beachten Sie, dass der Empfänger die Todesfallsumme bei Auszahlung einmalig versteuern muss, auch wenn die Begünstigte zum Beispiel die Ehefrau ist. Je nach Wohnort und Höhe des Auszahlungsbetrags frisst die Steuer in der Regel zwischen 5 und 20 Prozent weg. Klären Sie die genaue Höhe der Steuer für Ihren Wohnort ab und erhöhen Sie den für die Amortisation der Hypothek benötigten Versicherungsbetrag um den mutmasslichen Steuerbetrag.

- Falls die Unfallversicherung ihres Arbeitgebers besser ausgebaut ist als vom Gesetz vorgeschrieben, können Sie bei einigen Gesellschaften die Unfalldeckung ausschliessen. Die Prämien reduzieren sich um 10 bis 15 Prozent, wenn die Gesellschaft nur nach einem krankheitsbedingten Todesfall zahlen muss.
- Sie können die Todesfallrisiko-Police auch mit einer privaten Invalidenrente kombinieren. In der Regel empfiehlt es sich aber, die beiden Policen zu trennen. So kann man für die zwei Versicherungen jeweils die günstigste Gesellschaft wählen. Gewiefte Versicherungsberater werden auch versuchen, Ihnen gleich eine Amortisationspolice, die zusätzlich einen separaten Sparteil enthält, aufzuschwatzen. Häufig sinnvoller ist es jedoch, in erster Linie über die Bank zu amortisieren, zum Beispiel über ein Säule-3a-Konto (siehe auch Kapitel «Amortisation»).
- Reine Todesfallrisiko-Policen eignen sich auch für Konkubinatspaare. Anders als bei kombinierten Policen mit Sparteil wird auf der ausbezahlten Summe keine (für nicht direkt Verwandte sonst sehr hohe) Erbschaftssteuer erhoben, sondern es wird eine mildere Einkommenssteuer belastet.

Steuern

Belehnung

Pensionskasse

Amortisation

Hypothekarmodelle

Ratingoptimierung

Zinsstrategien

Hypothekaranbieter

Versicherung

Planungshilfen

Kapitel 10

Wo finde ich Planungs- und Berechnungs- hilfen?

Steuern

Beleh-
nung

Pensions-
kasse

Amorti-
sation

Hypo-
thekar-
modelle

Rating-
optimie-
rung

Zins-
strategien

Hypo-
thekar-
anbieter

Ver-
sicherung

Planungs-
hilfen

Wo finde ich Planungs- und Berechnungshilfen?

Eine Reihe kostenloser und wertvoller Berechnungshilfen für Eigenheimbesitzer – oder solche, die es werden wollen – bietet die Internet-Plattform des VZ VermögensZentrum unter www.vzonline.ch.

Online-Beratung   Wer den Kauf der eigenen vier Wände plant, kann sich unter den Online-Beratungsmodulen beispielsweise ausrechnen, wie viel das Eigenheim aufgrund der Einkommenssituation sowie der vorhandenen Eigenmittel überhaupt kosten darf. Oder man kann sich den maximalen Kaufpreis berechnen, bei dem die Eigenheimkosten nicht höher ausfallen als die heutigen Mietkosten. Zudem lassen sich mit einem weiteren Beratungsmodul die jährlichen Kosten feststellen, die ein Eigenheim unter Berücksichtigung des Kaufpreises und einer gewählten Finanzierungsvariante nach sich zieht.

Mit dem Bewertungsmodul auf vzonline.ch kann man den Wert einer Immobilie annäherungsweise schätzen. Das hilft beispielsweise, wenn das Preis-Leistungs-Verhältnis einer angebotenen Liegenschaft grob beurteilt werden soll. Wer es genau wissen will, kann via vzonline.ch zu einem günstigen Preis eine Computer-Schätzung beim Informations- und Ausbildungszentrum für Immobilien (IAZI) in Bülach bestellen (siehe auch Kasten «Hinweis» auf Seite 67).

Online-Vergleiche Wer sein Traumhaus bzw. seine Traumwohnung gefunden hat, muss sich auf die Suche nach einem Hypothekargeber machen. Die Kreditinstitute liefern sich heute einen harten Kampf um neue Kunden. Das sollte man unbedingt ausnützen und bei verschiedenen Banken Hypothekarofferten einholen. Davon profitieren können aber auch bestehende Hausbesitzer. Auch sie sollten die Mühen nicht scheuen, sich periodisch, spätestens aber bei Ablauf einer Hypothek, neu auf dem Markt zu orientieren und bei grösseren Preisdifferenzen die Hypothek zu einem günstigeren Kreditgeber zu zügeln. Auch hier bietet vzonline.ch wertvolle Hilfe: Aufgeführt sind dort die aktuell gültigen Hypothekarzinssätze (Richtsätze) von über 40 Kreditinstituten. Der VZ-Hypothekenindex zeigt auf einen Blick, wie sich die Zinssätze der wichtigsten Hypothekarmodelle (variable Hypotheken, fünfjährige Fest- sowie Libor-Hypotheken) seit 1985 entwickelt haben. Auch Kommentare und Tipps zum aktuellen Zinsgeschehen finden Interessierte unter vzonline.ch.

Welche Unterlagen benötigt die Bank? Für ein konkretes Kreditgesuch sollte man die wichtigsten Unterlagen vorher parat haben. Je besser die Vorbereitung auf das Gespräch mit der Bank, desto höher die Erfolgschancen. Und wenn dem Kreditinstitut vorgängig die notwendigen Unterlagen zugestellt werden, beschleunigt das die Prüfung des Kreditgesuchs in der Regel erheblich.

Steuern

Belehnung

Pensionskasse

Amortisation

Hypothekarmodelle

Ratingoptimierung

Zinsstrategien

Hypothekaranbieter

Versicherung

Planungshilfen

Checkliste: Notwendige Angaben und Unterlagen für das Kreditgesuch

Angaben zum Kreditnehmer bzw. zu den Kreditnehmern:

- Name und Adresse
- Telefonnummern Privat/Geschäft/Natel
- E-Mail-Adresse
- Geburtsdatum
- Nationalität (Ausweiskopie sowie Kopie der Aufenthaltsbewilligung)
- Zivil- und Güterstand
- Beruf, Funktion/Stellung
- Arbeitgeber und seit wann dort arbeitstätig
- Bruttoeinkommen pro Jahr (letzter Lohnausweis plus aktuelle Lohnabrechnung)
- Letzte Steuererklärung
- Haushaltsbudget (sofern erstellt)
- Aufstellung der vorhandenen Eigenmittel (inkl. Bankauszüge, Lebensversicherungspolicen, Versicherungsausweis der Pensionskasse etc.)
- Für Selbstständige: Bilanz- und Erfolgsrechnung der letzten drei Jahre
- Schuldenaufstellung (Kredite, Leasingverträge etc.)
- Aktuelle Betreibungsauskunft

Angaben zur Liegenschaft

- Kaufvertrag oder Grundbuchauszug
- Situations- und Katasterplan
- Bau-, Grundriss- und Fassadenpläne
- Wohnflächen- und kubische Berechnung
- Amtlicher Gebäudeversicherungswert
- Fotos der Liegenschaft (innen und aussen)
- Verkehrswertgutachten (falls vorhanden)
- Zusätzlich bei Neu- bzw. Umbauten: Baubeschrieb, Kostenvoranschlag, evtl. Generalunternehmervertrag
- Zusätzlich bei Eigentumswohnungen: Stockwerkeigentums-Begründungsakte, Nutzungs- und Verwaltungsreglement
- Zusätzlich bei Liegenschaften im Baurecht: Baurechtsvertrag

Neutrale
Beratung
empfehlenswert

Vielfach lohnt es sich, einen bankenunabhängigen Fachmann hinzuzuziehen. Dieser unterstützt den Kunden bei der Festlegung der Strategie (siehe Seite 71 ff.) und der Optimierung des Kreditratings (siehe Seite 61 ff.). Ferner kümmert sich der Berater darum, dass die gewählte Strategie auch umgesetzt

wird. Das kostet bei einem seriösen Berater zwar ein Beratungs-
honorar, spart aber Zeit und Nerven und führt häufig auch
dazu, dass sich der Kreditnehmer in der Wahl seiner Strategie
von einer Fachperson bestätigt fühlt. Das Resultat einer unabhängigen Beratung kann kurzfristig zu einer Zinseinsparung
von bis zu 1,5 Prozentpunkten führen. Ob diese Einsparung
auch langfristig Bestand hat, hängt davon ab, ob das Zins-
szenario, auf das die Hypothekarstrategie ausgerichtet wurde,
in den kommenden Jahren auch tatsächlich eintrifft. Realis-
tisch sind aber durchaus Zinsreduktionen von durchschnittlich
0,25 bis 0,5 Prozentpunkt pro Jahr. Auf 500'000 Franken
Hypothekarsumme sind das über fünf Jahre total 6'250 bis
12'500 Franken Zinsersparnis.

Steuern

Beleh-
nung

Pensions-
kasse

Amorti-
sation

Hypo-
thekar-
modelle

Rating-
optimie-
rung

Zins-
strategien

Hypo-
thekar-
anbieter

Ver-
sicherung

Planungs-
hilfen

VZ-Ratgeber «Pensionierung»

Autor vom
VZ VermögensZentrum:
Nicola Waldmeier

80 Seiten, Paperback,
1. Auflage (2003),
ISBN 3-9521824-3-5

Im Buchhandel
erhältlich oder unter
www.vermoegens-
zentrum.ch

Dieser VZ- Ratgeber konzentriert sich auf die wichtigsten Fragestellungen zum Thema «Pensionierung»: Reicht mein Vermögen nach der Pensionierung? Mit welcher Anlagestrategie stelle ich das Einkommen im Alter sicher? Was muss ich bei AHV und Pensionskasse beachten? Wie kann ich Steuern sparen? Soll ich meine Hypothek(en) zurückzahlen? Was kostet mich eine Frühpensionierung? Wie regle ich meinen Nachlass?

Im VZ-Ratgeber wurden die Erfahrungen aus der Beratungspraxis im VZ VermögensZentrum aufgearbeitet. Der Autor hat zusammen mit einem Team von erfahrenen VZ-Beratern die 10 wichtigsten Fragen zur Pensionierung zusammengefasst und in verständlicher Form dargestellt. Empfehlenswert für Leute ab 55.

Autoren vom
VZ VermögensZentrum:
Max Bolanz,
Matthias Reinhart

436 Seiten, Leinen mit
Schutzumschlag,
3. Auflage (2000),
ISBN 3-7064-0718-3

Überall im Buchhandel
erhältlich

Der persönliche Finanzberater

Mit Lancierung des «GeldTip» konnte 1995 eine Marktlücke abgedeckt werden.

Für die dritte Auflage (2000) ist der «GeldTip» vollständig überarbeitet und aktualisiert worden. Mit vielen praktischen Tipps, Grafiken und Checklisten wird er zum persönlichen Finanzberater für alle, die mehr aus ihrem Geld machen wollen; er enthält Richtlinien und Ratschläge für mehr Rendite, weniger Steuern, gesicherte Vorsorge und geringere Gebühren. Dieser Ratgeber schafft die Gewissheit, Finanzentscheidungen auf der Basis fundierter Informationen zu treffen.

Die Autoren geben klare Empfehlungen, warnen vor unseriösen Angeboten und geben einfache, aber überzeugende Entscheidungshilfen.

Steuern

Belehnung

Pensionskasse

Amortisation

Hypothekarmodelle

Ratingoptimierung

Zinsstrategien

Hypothekaranbieter

Versicherung

Planungshilfen

Autoren vom
VZ VermögensZentrum:
Max Bolanz,
Matthias Reinhart

309 Seiten, Leinen mit
Schutzumschlag,
3. Auflage (2001),
ISBN 3-7064-0836-8

Überall im Buchhandel
erhältlich

Der Bestseller zum Steuernsparen

Für die dritte Auflage (2001) ist der «SteuerTipp» vollständig überarbeitet und aktualisiert worden. Mit diesem Buch legen die Autoren einen Steuer-Ratgeber vor, der umfassend und einfach verständlich die Zusammenhänge des Schweizer Steuersystems aufzeigt und wirksame Steuertipps gibt.

Inhalt:
• Das Schweizer Steuersystem
• Einkommens- und Vermögens-steuern
• Steuern und Wertschriften
• Steuern und Versicherungen
• Steuern und Immobilien
• Erbschafts- und Schenkungssteuern

Einfache Grafiken veranschaulichen die Zusammenhänge und machen es dem Leser leicht, die konkreten Empfehlungen zum Steuernsparen nachzuvollziehen. Umfangreiche Tabellen zeigen für alle wichtigen Steuerarten die kantonalen Bestimmungen und Steuersätze. Checklisten helfen, die aufgezeigten Steueroptimierungsmöglichkeiten auf die persönliche Situation zu übertragen.

Ein wertvolles Nachschlagewerk und ein persönlicher Steuerplaner für jeden, der Steuern sparen möchte.

**Mit Volldampf
in die Pension**

Eine Pensionierung will geplant sein –
selbstverständlich auch finanziell. Dazu müssen die Weichen früh gestellt
werden. Welche Überlegungen not-
wendig sind und welche Entschei-
dungen getroffen werden müssen, das
erfährt der Leser in diesem Buch. Die
Autoren geben Antworten auf Fragen,
die sich jeder im Zusammenhang mit
der Pensionierung früher oder später
stellt, und bieten in einfacher und
verständlicher Weise Hilfestellungen
zu finanztechnischen, steuerlichen
und erbrechtlichen Problemen.

Autoren vom
VZ VermögensZentrum:
Andrea Dinevski,
Peter Stocker

304 Seiten, Leinen mit
Schutzumschlag,
3. Auflage (2003),
ISBN 3-7064-0662-4

Überall im Buchhandel
erhältlich

Inhalt:
• Sicherung des Einkommens
• Langfristige Vermögensplanung
• Steuerplanung
• Frühpensionierung
• Rente oder Kapital?
• Nachlassplanung
• Pflege und ihre Kosten
• Krankenkasse und Versicherungen

Die «Tipps zur Pensionierung» sind
in der dritten Auflage im Frühling
2003 erschienen.

Steuern

Beleh-
nung

Pensions-
kasse

Amorti-
sation

Hypo-
thekar-
modelle

Rating-
optimie-
rung

Zins-
strategien

Hypo-
thekar-
anbieter

Ver-
sicherung

Planungs-
hilfen

Autoren vom
VZ VermögensZentrum:
Max Bolanz,
Matthias Reinhart

279 Seiten, Hardcover,
1. Auflage (2000),
ISBN 3-7064-0663-2

Überall im Buchhandel
erhältlich

Sicherheit für die besten Jahre

Nach dem Erwerbsleben verändert sich die finanzielle Situation grundlegend: Rentenansprüche, Kapitalauszahlungen, Abfindungen und das bestehende Vermögen bilden die neue Ausgangslage. Wichtigste Ziele sind Einkommenssicherstellung und Substanzerhalt des Vermögens.

Dieser Ratgeber ist ganz auf die Bedürfnisse von Geldanlegern ab 50 Jahren abgestimmt. Neben der Gewissheit, Finanzentscheide auf der Basis fundierter Informationen treffen zu können, bieten die Autoren wichtige Hinweise auf dem Weg zu mehr Rendite, weniger Steuerbelastung und gesicherter Vorsorge.

Mit vielen praktischen Tipps, Grafiken und Checklisten wird dieses Buch zum persönlichen Vermögensberater für alle, die auch im Alter ihre Finanzen noch im Griff haben möchten.

Inhalt:
• Herausforderung Ruhestand
• Risiken und Renditen
  von Vermögensanlagen
• Aktien: ein Muss für jeden Anleger
• Strategien für das Wachstum
  des Vermögens
• Strategien zur Sicherstellung
  des Einkommens

Erben und Schenken

Die potenziellen Erblasser und zukünftigen Erben haben ein grosses Informationsbedürfnis zum Thema Erben und Schenken. Das hat die Repräsentativ-Umfrage der Wirtschaftszeitung BILANZ und des VZ ergeben. Mit dem VZ-Ratgeber wird diese Lücke geschlossen.

Autoren vom
VZ VermögensZentrum:
Matthias Reinhart,
Giulio Vitarelli

144 Seiten, Hardcover,
4. Auflage (2002),
ISBN 3-9521824-2-7

Überall im Buchhandel
erhältlich

Am Anfang aller Überlegungen steht der Wunsch, dass der letzte Wille respektiert und entsprechend umgesetzt wird. Die Praxis zeigt aber: Sobald es um Geld geht, sind Konflikte vorprogrammiert. Diese Probleme sind vermeidbar, wenn der verantwortungsvolle Erblasser rechtzeitig die notwendigen Schritte unternimmt. Ein weiteres Argument für eine gezielte Nachlassplanung ist die Optimierung der Erbschaftssteuern. Denn ohne besondere Vorkehrungen erbt der Fiskus kräftig mit.

Viele Beispielrechnungen sollen helfen, den Sachverhalt besser zu verstehen. Grafiken und Tabellen veranschaulichen die wichtigsten Zusammenhänge. Für die vierte Auflage (2002) wurde «Erben und Schenken» vollständig überarbeitet und aktualisiert.

Steuern

Belehnung

Pensionskasse

Amortisation

Hypothekarmodelle

Ratingoptimierung

Zinsstrategien

Hypothekaranbieter

Versicherung

Planungshilfen

Autoren:
Ernst Meierhofer, K-Tipp
Nicola Waldmeier,
VZ VermögensZentrum
Stefan Thurnherr,
VZ VermögensZentrum

2. Auflage (2002),
160 Seiten, Paperback

So sind Sie richtig versichert

Dieses K-Dossier von K-Tipp und VZ enthält nicht nur allgemeine Ratschläge für den richtigen Umgang mit Versicherungen, sondern auch zahlreiche Prämientabellen, viele Tipps und Checklisten für den Abschluss. Damit Sie nicht nur gut, sondern auch günstig versichert sind. Das Dossier wurde für die 2. Auflage (Mai 2002) vollständig überarbeitet und aktualisiert.

Inhalt:

• Der Umgang mit der Versicherung: Diese Regeln sollten Sie beachten
• Bei Invalidität und Tod: So können Sie sich finanziell absichern
• Alterssparen: Mit dieser Police können Sie Ihre Ziele erreichen
• Die Privathaftpflicht-Versicherung: Wer ohne lebt, lebt gefährlich
• Die Hausratversicherung: Schutz für Ihr persönliches Hab und Gut
• Die Gebäudeversicherung – der richtige Schutz für Eigentümer
• Der Rechtsschutz: So können Sie Ihr gutes Recht durchsetzen
• Gut versichert in die Ferien: So dürfen Sie beruhigt verreisen
• Die Versicherung für Ihr Auto: So zahlen Sie nicht zu viel

**Sparen
mit Fonds**

Die besten Fonds aus 26 Kategorien.
Fonds-Sparpläne im Test.
Tipps für den richtigen Umgang
mit Anlagefonds.

Ernst Meierhofer,
Rolf Biland,
Markus Graf

Autoren:
Ernst Meierhofer, K-Tipp
Rolf Biland,
VZ VermögensZentrum
Markus Graf,
VZ VermögensZentrum

2. Auflage (2002),
160 Seiten, Paperback

Sparen mit Fonds

Dieses K-Dossier führt Sie in die Welt
der Fonds ein. Es erläutert die Eigen-
heiten dieser Anlageform und erklärt
ausführlich, wie Sie einsteigen können. Sie erfahren auch, worauf Sie
beim Kauf eines Fondsanteils achten
müssen. Herzstück des Buchs sind 26
Ranglisten; sie zeigen Ihnen, welche
Fonds in der Vergangenheit die besten
Gewinnchancen boten. Der Ratgeber
wurde für die 2. Auflage (Januar 2002)
vollständig überarbeitet und aktualisiert.

Inhalt:
• Anlagefonds – der leichte Einstieg
  in das Abenteuer Börse
• Aktienfonds: Tolle Gewinnchancen
  – aber auch hohe Verlustrisiken
• Obligationenfonds – die richtige
  Wahl für die vorsichtigen Anleger
• Gemischte Fonds – die bequeme
  Variante für Einsteiger
• Immobilienfonds – solider Boden,
  aber trotzdem nicht ohne Risiko
• Nachhaltige Fonds – Geld anlegen
  mit einem guten Umweltgewissen
• Fonds-Sparpläne: So kombinieren
  Sie Sparen und Fondsanlegen
• Rendite und Sicherheit: So hat das
  VZ die Fonds bewertet und rangiert
• Porträts der Siegerfonds
• Erklärung der Fachbegriffe

Steuern

Beleh-
nung

Pensions-
kasse

Amorti-
sation

Hypo-
thekar-
modelle

Rating-
optimie-
rung

Zins-
strategien

Hypo-
thekar-
anbieter

Ver-
sicherung

Planungs-
hilfen